JULIA KATHRIN KNOLL · CHRISTIAN GRELLER

# VON HEXEN, GEISTERN UND VERBRECHERN

Ein Rundgang zu den **UNHEIMLICHSTEN ORTEN**
in **REGENSBURG** und Umgebung

BIBLIOGRAFISCHE INFORMATION
DER DEUTSCHEN NATIONALBIBLIOTHEK

Die Deutsche Nationalbibliothek verzeichnet diese Publikation in der
Deutschen Nationalbibliografie; detaillierte bibliografische Daten sind im
Internet über http://dnb.dnb.de abrufbar.

ISBN 978-3-86646-340-0

1. AUFLAGE 2019
ISBN 978-3-86646-340-0
ALLE RECHTE VORBEHALTEN!
© 2019 MZ-BUCHVERLAG IN DER BATTENBERG GIETL VERLAG GMBH, REGENSTAUF
WWW.BATTENBERG-GIETL.DE

LEKTORAT: JULIA KATHRIN KNOLL, CARINA WEIGERT

GRAFISCHE ELEMENTE:
TATYANA BOROZENETS, 23RF.COM;  VAL_IVA, FOTOLIA.COM; KLAUTS, 123RF.COM

ÜBERSICHTSKARTEN ERSTELLT MIT WWW.OPENSTREETMAP.ORG

Regensburg blickt bereits auf eine fast zweitausendjährige Geschichte zurück. Da verwundert es nicht, dass im Laufe der Jahrhunderte neben den historischen Fakten auch Legenden, Mythen und Sagen überliefert wurden. Viele davon sind düsterer Natur. Anhand von Texten und Bildern will der vorliegende Band seine Leser/-innen an die unheimlichsten Orte in Regensburg und Umgebung entführen.

Dabei beschäftigt sich der erste Teil mit dem Stadtgebiet. Das Kapitel „Mit dem Teufel im Bunde" handelt vom Fürsten der Hölle, der die Geschichte der Stadt maßgeblich beeinflusst haben soll, von verführerischen Dämonen, aber

auch von angeblichen Hexen, die vermeintlich mit dem Satan im Bunde waren.

„Geister und wundersame Erscheinungen" zeigt die gruseligsten Spukorte in Regensburg auf, während „Dem Tod auf der Spur" an grausame Epidemien, Kämpfe und letzte Ruhestätten gemahnt. Das Kapitel „Im Angesicht des Verbrechens" schließlich gibt einen Einblick in die Kriminalgeschichte der ehemaligen Freien Reichsstadt und behandelt exemplarisch einige der spektakulärsten Fälle längst vergangener Jahrhunderte.

Alle Kapitel sind dabei als Rundgänge konzipiert, die auch abgelaufen werden können. Anhand der Karten kann man sich eigene Touren zusammenstellen.

Der zweite Teil lädt dazu ein, die Umgebung von Regensburg und den Landkreis zu erkunden. Weiße Frauen, geheimnisvolle Burgruinen und sagenumwobene Kapellen lehren die Leser/-innen dort das Fürchten.

Abgerundet werden alle Abschnitte durch historische Eckdaten zu den jeweiligen Gebäuden. So stehen Fakt und Mythos einander gegenüber.

Tauchen Sie nun also ein in die dunkle Welt der Sagen, Spukgeschichten und düsteren Legenden und lassen Sie sich an die unheimlichsten Orte Regensburgs entführen.

Regensburg, im Juli 2019

JULIA KATHRIN KNOLL (Autorin)
und CHRISTIAN GRELLER (Fotograf)

# INHALTSVERZEICHNIS

## UNHEIMLICHES REGENSBURG

# UNHEIMLICHE AUSFLÜGE IN DIE UMGEBUNG VON REGENSBURG

---

# UNHEIMLICHES REGENSBURG

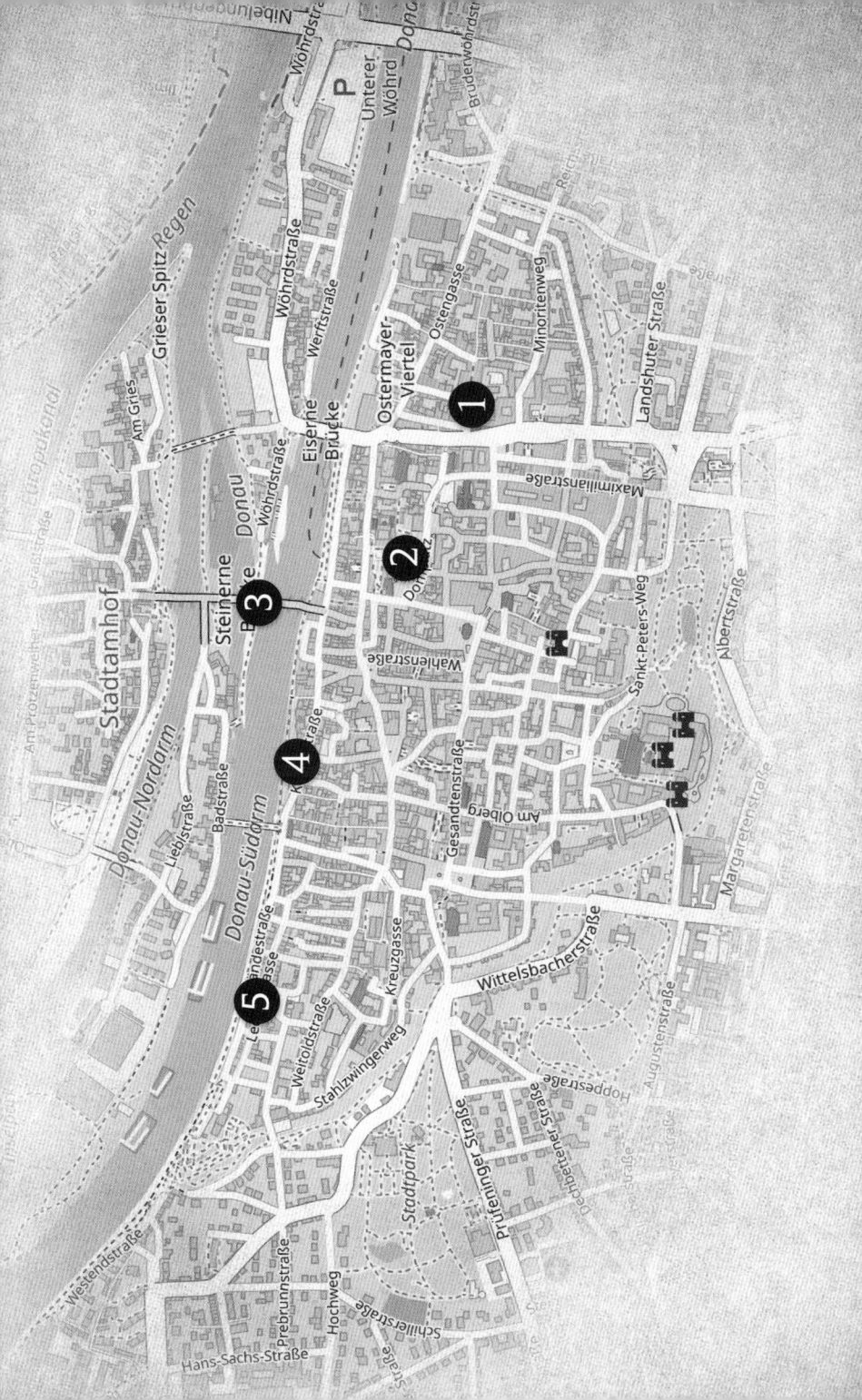

# MIT DEM TEUFEL IM BUNDE

Das Stadtgebiet von Regensburg beherbergt heute über 70 Kirchen. Der fromme Eindruck jedoch mag täuschen, denn der Sage nach hatte der Teufel persönlich nur allzu oft seine Finger im Spiel, wenn es um die Geschichte der Stadt ging. Eines der berühmtesten Wahrzeichen soll er sogar selbst errichtet haben!

Was uns heute als amüsante Anekdote erscheint, versetzte die Menschen früherer Jahrhunderte in Angst und Schrecken. Die Furcht vor dem Höllenfürsten war allgegenwärtig. Wer sich mit ihm einließ, musste nicht nur um seine unsterbliche Seele fürchten. Auch grausame, irdische Strafen drohten.

Das folgende Kapitel erzählt vom Fürsten der Hölle, von seinen finsteren Schergen und von Menschen, die sich (vermeintlich) auf ihn eingelassen haben …

# MINORITENKIRCHE:
## DIE DICKE AGNES

Die Minoritenkirche St. Salvator ist eine um 1275 vollendete Bettelordenskirche. Ihr Name geht zurück auf die „fratres minores", die sogenannten „Minderbrüder", heute besser bekannt als „Franziskaner". Sie gehört zu einem der ältesten, ehemaligen Franziskanerklöstern in Deutschland und ist nach der Dominikanerkirche die größte Bettelordenskirche der Region.

Im Umfeld der Minoritenkirche soll sich 1510 eine höchst merkwürdige Begebenheit zugetragen haben. Klara, die hübsche Tochter eines Blechschmieds, ging regelmäßig in St. Kassian zur Messe. Vor dem Gotteshaus traf sie einmal einen ansehnlichen jungen Herrn, der ihr ein Briefchen zusteckte. Allein in ihrer Kammer zögerte sie, den Brief zu öffnen. Da erschien ihr eine winzige Frau, die sich am Fensterbrett ihres Zimmers niederließ. Klara erschrak zunächst bis ins Mark, die Frau jedoch sprach mit so einschmeichelnder, betörender Stimme zu ihr, dass sie sich sogleich beruhigte. Mit sanften Worten überredete die Erscheinung Klara, die Nachricht zu lesen, die sich als glühender Liebesbrief entpuppte. Den Einflüsterungen der kleinen Frau gehorchend, begann Klara nun, sich heimlich mit dem jungen Mann zu treffen. Mit jeder Berührung, jedem verstohlenen Kuss jedoch begann die winzige Frau zu wachsen, bis eine gewaltige Riesin

INFO:
Die Minoritenkirche ist seit der Säkularisation profaniert, das Kloster aufgelöst. In den ehemaligen Klostergebäuden befindet sich heute das Historische Museum. Die Kirche ist Teil des Museums und kann nur während der Öffnungszeiten besichtigt werden.

ÖFFNUNGSZEITEN:
dienstags bis sonntags sowie an Feiertagen
10.00 –16.00 Uhr

Am 1. Januar, Faschingsdienstag, Karfreitag, 1. Mai, 1. November, 24., 25. u. 31. Dezember geschlossen.

EINTRITT:
5,00 €, ermäßigt: 2,50 €

Stand: Juni 2019

vor dem Mädchen stand, das es nun endlich doch mit der Angst zu tun bekam.

Die Riesin entpuppte sich als die sogenannte „Dicke Agnes", ein Höllendämon, der sich, ähnlich wie ein Vampir von Blut, von den unmoralischen Handlungen seiner Opfer nährte und dabei immer größer und mächtiger wurde. Viele junge Damen hatte die Dicke Agnes bereits dazu verführt, ihre Tugendhaftigkeit aufzugeben. Den Männern ging es nicht besser. Sie wurden von dem Dämon zu Diebstahl und Raub gedrängt.

Die Vorfälle erschütterten den Rat der Stadt Regensburg derart, dass er die Brüder des Minoritenklosters zu Hilfe rief. Mit Hilfe der Gebete der frommen Mönche konnte der Dämon gebannt werden. Bis heute aber soll das Gejammer und Geheule der Dicken Agnes in den Gassen von Regensburg zu hören sein.

Die arme Klara wurde von ihrem Jüngling bald verlassen. Sie trat in ein Kloster ein und war fortan gegen die Einflüsterungen von teuflischen Dämonen immun.

# DER REGENSBURGER DOM UND DER TEUFEL

er Dom St. Peter ist neben der Steinernen Brücke zweifelsfrei das wichtigste Wahrzeichen der Stadt Regensburg. Seine Baugeschichte ist lang, turbulent und sagenumwoben, vor allem, da der Teufel persönlich dabei gehörig seine Finger im Spiel gehabt haben soll. Ein Vorgängerbau brannte im Jahr 1273 nieder. Da der Teufel bekanntlich keine Gotteshäuser schätzt, machte man ihn bereits für die Zerstörung dieses ersten Doms verantwortlich. Tatsächlich steht ein Rest des ersten Baus noch immer: der sogenannte „Eselsturm" auf der Nordseite der heutigen Kathedrale. Er war einer der Kirchtürme des Vorgängers und diente später zum Transport von Baumaterial in die oberen Bereiche des Doms. Viele Regensburger glauben, der Name rührt daher, dass man mit Steinen beladene Esel den Turm hinaufgetrieben habe. Die Bezeichnung „Eselsturm" stammt allerdings von einem Lastenaufzug, der den Namen „Esel" trug.

Bis zur Vollendung des gotischen Doms dauerte es 600 Jahre. So konnten die Domtürme erst 1869 fertiggestellt werden.

Die berühmteste Regensburger Sage berichtet von einer Wette zwischen dem Dombaumeister und dem Baumeister der Steinernen Brücke, in der es darum ging, wessen Bauwerk als Erstes vollendet sein würde (siehe auch das Kapitel zur Steinernen Brücke, Seite 27). Als Feind der Kirche unterstützte

**ÖFFNUNGSZEITEN:**
April, Mai und Oktober
6.30 – 18.00 Uhr
Juni bis September
6.30 – 19.00 Uhr
November bis März
6.30 – 17.00 Uhr

**INFO:**
Informationen und Tickets für Führungen gibt es beim Infozentrum DOMPLATZ 5.

der Teufel natürlich den Bau der Brücke, der Dombaumeister verlor die Wette mit Schimpf und Schande. Wenn man vor der Nordseite des Doms steht und am Eselsturm entlang nach oben blickt, erkennt man eine steinerne Wasserspeier-Figur, die kurz davor ist, sich in die Tiefe zu stürzen. Die Figur soll den Dombaumeister darstellen, der sich aus Gram über die verlorene Wette das Leben nimmt.

Die Sage berücksichtigt nicht, dass die Brücke bereits über hundert Jahre vor Beginn des Dombaus fertiggestellt war. Die Furcht vor dem Teufel und seinen Schergen war jedoch allgegenwärtig. Um den Dom vor der Einwirkung des Bösen zu schützen, brachte man, wie in der Gotik allgemein üblich, eine Reihe von steinernen Dämonenfratzen, Fabelwesen und Spukgestalten an der Fassade an. Diese sollten böse Geister abschrecken und von der Kathedrale fernhalten. Dabei ließen die Steinmetze ihrer Phantasie oft freien Lauf. Eine gut erhaltene Figur zum Beispiel, die an der Südseite des Doms zu finden ist, zeigt einen geflügelten Affen. Über einem kleinen Portal ebenfalls an der Südseite lauern zwei Drachen, die den Eindruck erwecken, sich jederzeit auf den Besucher stürzen zu können.

In schwindelerregender Höhe oder an versteckten Stellen wurden die Figuren dann teilweise sogar kirchenkritisch. Eine besonders freche Figur zum Beispiel zeigt einen Affen im Priestertalar, der untenherum splitternackt ist.

Allerlei Tiere finden sich auch unter den Wasserspeiern. Auf der Südost-Seite sind beispielsweise Schwein, Hund und Rind gut zu erkennen.

Dem Teufel begegnet man dann auch im Inneren des Doms. Rechts neben dem Westportal befindet sich eine kleine Nische, in der der Höllenfürst als kauernder Drache dargestellt wird. Links vom Westportal findet sich eine zweite Nische mit einer Drachenfigur, die das Gesicht einer alten Frau mit Kopftuch trägt. Diese Figur ist in Regensburg bekannt als „des Teufels Großmutter".

Eine recht kuriose Legende rankt sich um den Dombrunnen in der Nähe des Südportals. Die Regensburger Kinder glaubten früher nicht an den Storch. Stattdessen erzählte man ihnen, ihre jüngeren Geschwister seien aus dem Brunnen gefischt worden.

# EIN PAKT MIT DEM TEUFEL: DIE STEINERNE BRÜCKE

Neben dem Dom gilt die Steinerne Brücke als das bedeutendste Wahrzeichen Regensburgs. Jährlich zieht sie Tausende von Touristen in ihren Bann. Doch auch im Mittelalter betrachtete man sie schon als wahres Wunderwerk der Baukunst. Errichtet wurde sie, um den Handel in der mittelalterlichen Metropole Regensburg zu fördern. Sie wurde der damals einzige feste Übergang über die Donau zwischen Wien und Ulm. 1135 begann man mit dem Bau, bereits elf Jahre später war sie fertiggestellt. Die relativ kurze Bauzeit erstaunt nicht, wenn man weiß, dass der Teufel bei der Entstehung der Brücke seine Finger im Spiel hatte. Dies zumindest behauptet eine der bekanntesten Regensburger Sagen.

Dieser Sage nach soll Brückenbaumeister Konrad, einst Lehrling des Dombaumeisters, mit seinem Meister gewettet haben, wer sein Werk zuerst vollenden würde. Dem Verlierer drohte eine demütigende körperliche Züchtigung. Brückenbaumeister Konrad war so besessen davon, die Wette zu gewinnen, dass er eines Nachts den Teufel um Hilfe anrief. Dem Höllenfürsten war der Bau des Doms ohnehin ein Dorn im Auge und so war er nur allzu bereit, Konrads Anliegen zu unterstützen. Allerdings forderte er natürlich eine Belohnung für seine Hilfe: Die ersten drei Seelen, die über die Brücke gingen, sollten ihm gehören! Konrad ließ sich auf den Pakt

INFO:
Die Steinerne Brücke ist jederzeit zugänglich.

Die Historische Wurschtkuchl ist bereits über 500 Jahre alt und gilt daher als älteste Bratwurststube der Welt. Sie hat täglich von 09.00 Uhr bis 19.00 Uhr geöffnet.

Stand: Juni 2019

ein, und der Teufel vollendete die Brücke weit vor der Fertigstellung des Doms. Konrad jedoch betrog den Fürsten der Hölle um seinen wohlverdienten Lohn. Anstatt wie üblich zuerst die Honoratioren der Stadt über die neue Brücke gehen zu lassen oder gar selbst hinüberzuschreiten, ließ er das Bauwerk zunächst sperren, damit kein Mensch einen Fuß darauf setzen konnte. Stattdessen trieb er drei Tiere hinüber: einen Hund, eine Henne und einen Hahn. So bekam der Teufel zwar drei Seelen, aber nicht die, die er sich erhofft hatte! Vor Zorn geriet er in wilde Raserei, riss dem Hund den Kopf ab und warf das Geflügel in die Stadt hinein. Zwei steinerne Figuren an der Brückenbrüstung erinnern bis heute an die armen Tiere, und auch die Rote-Hahnen-Gasse soll ihren Namen in Anspielung an diese Legende erhalten haben. Der Teufel indes sprang wutentbrannt in die Donau, wo noch immer tosende Strudel zu sehen sind.

Brückenbaumeister Konrad jedoch war der Triumph über den Teufel nicht genug! Um seinen Konkurrenten, den Dombaumeister, zu verhöhnen, ließ er auf der Brücke ein steinernes Männchen errichten, das frech in Richtung Dom blickte. Dem Dombaumeister wurde die Schande, gegen seinen Lehrling verloren zu haben, zu viel. In tiefer Verzweiflung sprang er von einem der Domtürme herab in den Tod. Auf der nördlichen Domseite, in der Nähe des Eselsturms, ist noch immer eine Steinfigur zu sehen, die sich in die Tiefe stürzt und so an den armen Dombaumeister erinnert (siehe auch das Kapitel zum Dom).

Doch auch Konrad kam nicht ungeschoren davon! Er hatte inzwischen die schöne Metzgerstochter Grethel geheiratet. Die Liebe war in diesem Fall im wahrsten Sinne des Wortes durch den Magen gegangen, denn Grethel war berühmt für ihre köstlichen Bratwürste, an denen Konrad offenbar mehr Interesse hatte als an seiner schönen Frau selbst. Dies machte sich nun der Teufel zunutze, der den vorangegangenen Betrug keineswegs vergessen hatte. Jede Nacht schlich er sich in Grethels Küche und verdarb ihre Würste, die nun

einfach nicht mehr braun werden wollten, solange Grethel
sie auch briet.

Konrad wartete vergebens auf seine Leibspeise und geriet
darüber so in Zorn, dass er unbeherrscht schrie: „Was soll
ich denn mit einer Frau, die keine Würste braten kann? Da
hol mich doch lieber der Teufel!"

Der Höllenfürst nahm ihn beim Wort, und Konrad verschwand auf immer und ewig.

Grethel war ohne ihren jähzornigen Mann weit besser dran,
denn ihre Bratwürste gelangen von da an wieder vorzüglich.
Sie wurde Köchin in der heute als „Wurschtkuchl" bekannten Garküche, wo man sich noch immer leckere Bratwürste
schmecken lassen kann. Den Teufel sollte man hierbei jedoch besser nicht herausfordern.

# KEPLERSTRASSE 5:
## DER SOHN DER HEXE

An einem kalten, ungemütlichen Tag im November des Jahres 1630, mitten in den Wirren des Dreißigjährigen Krieges, erreichte der berühmte Astronom Johannes Kepler die Freie Reichsstadt Regensburg. Hier fand gerade der Kurfürstentag statt, bei dem Keplers Arbeitgeber, Albrecht von Wallenstein, der durch seine militärischen Erfolge dem Kaiser zu mächtig geworden war, abgesetzt werden sollte. Zudem schuldete der Kaiser Kepler noch einen stolzen Betrag von 12.000 Gulden. In der Hoffnung, dieses Geld einfordern zu können, war Kepler von Sagan, seinem letzten Wohnort, nach Regensburg gereist. Er übernachtete im Haus seines Freundes, dem Kaufmann Hildebrand Billi. Die anstrengende Reise jedoch hatte die Gesundheit des bereits knapp 60-jährigen Astronomen stark angegriffen. Während seines Aufenthaltes in Regensburg verschlechterte sich sein Zustand dramatisch. Zehn Tage nach seiner Ankunft verstarb er, ohne die Gelegenheit bekommen zu haben, auf dem Kurfürstentag vorzusprechen.

Bestattet wurde er auf dem Petersfriedhof, in der Nähe des heutigen Hauptbahnhofs. Sein Grab aber wurde bereits während des Dreißigjährigen Krieges zerstört. Anstelle eines Grabes erinnert seit 1808 ein Denkmal in Form eines kleinen griechischen Rundtempels an den berühmten Astronomen.

**INFO:**
Auch wenn es im „document Keplerhaus" (vermutlich!) nicht spukt, ist es doch ein sehenswertes Museum, das nicht nur Leben und Werk Johannes Keplers anschaulich dokumentiert, sondern auch Einblick gibt in die Wohnkultur des 17. Jahrhunderts.

**ÖFFNUNGSZEITEN:**
samstags, sonn- und feiertags 10.30–16.00 Uhr

Geschlossen an Neujahr, Faschingsdienstag, Karfreitag, am 1. Mai, 1. November sowie am 24./25. und 31. Dezember.

Stand: Mai 2019

Keplers Geist wird wohl trotz der Umstände seines Todes Frieden gefunden haben. In seinem Sterbehaus befindet sich heute ein Museum. Spuk-Erscheinungen sind nicht bekannt.

Mit der Person Keplers eng verbunden ist jedoch auch die Geschichte eines spektakulären Hexenprozesses. Dieser trug sich zwar nicht in Regensburg zu, soll hier aber dennoch Erwähnung finden.

1615 wurde Keplers Mutter Katharina Kepler im württembergischen Leonberg der Hexerei angeklagt. Katharina galt als zänkische, klatschsüchtige Frau, die zudem der Heilkunde mächtig war. Angeklagt wurde sie von ihrer Nachbarin, die sie beschuldigte, ihr eine Krankheit angehext zu haben. Katharina reagierte mit einer Beleidigungsklage. Ein jahrelanger Prozess entbrannte, bei dem sich immer üblere Anschuldigungen einfanden: Katharina habe einem Kind einen lähmenden Schlag versetzt, einen Familienvater getötet, sie habe Vieh verhext und sei mit dem Teufel im Bunde. Johannes Kepler übernahm sofort die Verteidigung, ein ge-

fährliches Unterfangen, denn die Verteidiger in Hexenprozessen wurden häufig selbst der Zauberei beschuldigt. Allerdings konnte sich Kepler auf seinen guten Leumund als angesehener Mathematiker und Astronom berufen. 1621 erreichte er endlich die Freilassung seiner Mutter. Die bereits 75-jährige Frau, die durch die Haftbedingungen und die Androhung der Folter arg geschwächt war, starb allerdings noch im selben Jahr.

# MYSTERIÖSER TODESFALL IM KUHGÄSSEL

Dunkle, von Nebel erfüllte Gassen und dicht gedrängte Häuser gehören zum Regensburger Stadtbild wie die Domtürme oder die Steinerne Brücke.

Die schmalste dieser Gassen, das sogenannte „Kuhgässel" ist so eng, dass zwei Menschen nebeneinander gerade so hindurchpassen. Diese Enge soll einst einem jungen Bäcker zum tödlichen Verhängnis geworden sein. Als er eines Abends angetrunken nach Hause wankte, kam ihm eine Kuh in der Gasse entgegen. Der Unglückliche konnte dem Tier nicht ausweichen und wurde von ihm an der Hauswand erdrückt.

An das tragische Unglück erinnern bis heute zwei steinerne Semmeln am Sockelstein des Hauses.

Andere Varianten dieser skurrilen Geschichte behaupten gar, es sei eine Hexe gewesen, die den armen Bäcker auf mysteriöse Weise getötet haben soll. Früher war die schmale Gasse daher auch unter dem Namen „Hexengässchen" bekannt.

Dass die Gassen der Stadt ihre Bewohner das Fürchten lehrten, liegt sicher auch an der damals nur sehr spärlichen Beleuchtung. Schlossen sich mit Einbruch der Dunkelheit die Stadttore, versank das mittelalterliche Regensburg in Finsternis. Nur aus den Fenstern der Häuser drang schwaches Licht nach draußen. Wer abends noch unterwegs war, musste mit der Laterne in der Hand den Heimweg antreten.

Erst im 18. Jahrhundert wurden die ersten öffentlichen Straßenlaternen errichtet. Bis dahin war die Stadt nachts in tiefe Dunkelheit getaucht. Auch das Kuhgässel, in dem es sprichwörtlich „so dunkel wie in einer Kuh" gewesen sein muss. Ob nun die Redewendung oder der von einer Kuh erdrückte Bäcker für den kuriosen Namen des Sträßchens verantwortlich ist, bleibt unklar.

Man sollte sich jedoch in Acht nehmen, wenn man dort unterwegs ist.

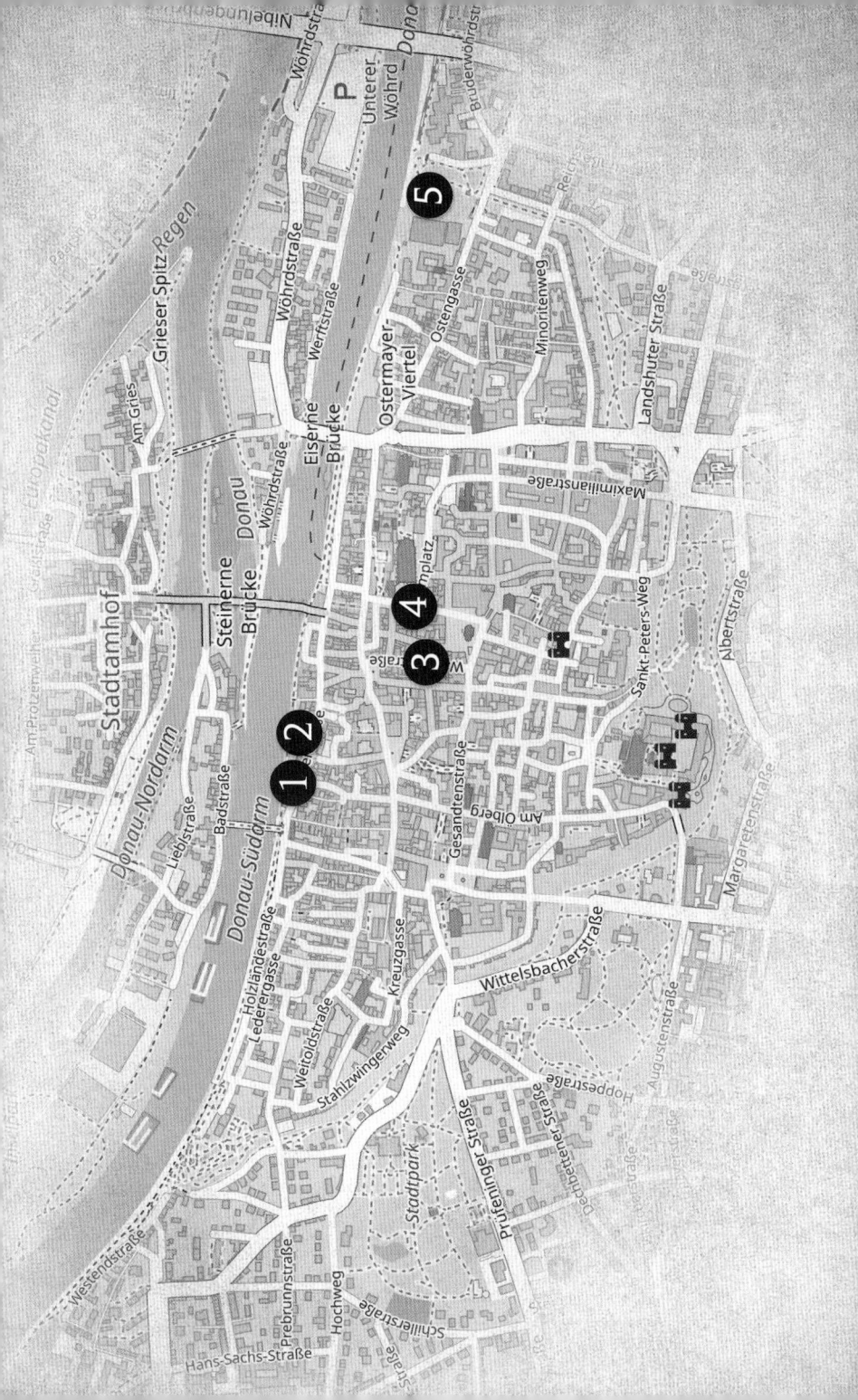

# GEISTER UND WUNDERSAME ERSCHEINUNGEN

Regensburg ist berühmt für seine historische Altstadt. Doch die teils über 1000 Jahre alten Gemäuer werden nicht nur geprägt von den Ereignissen der Vergangenheit. Auch ruhelose Seelen sollen in den altehrwürdigen Gebäuden umgehen.

Das nächste Kapitel zeigt Ihnen die bekanntesten Spukorte in Regensburg und ihre Geschichte, erzählt aber auch von mysteriösen Tieren und unheimlichen Phänomenen.

# KEPLERSTRASSE 11:
# DIE TODES-UHR IM
# „HAUS ZUM PELIKAN"

**INFO:**
Neben der „Wunderbar"
befindet sich derzeit auch
der „City Flohmarkt" in dem
Gebäude, wo man nach
antiken Schätzen und
magischen Gegenständen
stöbern kann.

Das Haus in der Keplerstraße ist den meisten Regensburgern vor allem wegen der Bar bekannt, die es beherbergt. Dabei blickt das Gebäude bereits auf eine lange Geschichte zurück. Im Laufe der Zeit wurde es von vielen bedeutenden Familien bewohnt, seine Mauern sahen viele Mächtige kommen und gehen.

Seine ersten Besitzer waren die Zandt, die unter anderem den Dombau mit finanziellen Mitteln förderten. Die „Zandtengasse" verdankt ihnen ihren Namen.

Die Familie der Schierlinger, die es im 16. Jahrhundert bewohnte, ließ ihr Wappentier, einen Pelikan, auf dem Hausgiebel anbringen. Bis heute ist das Gebäude daher auch als „Haus zum Pelikan" bekannt.

Einer seiner berühmtesten Bewohner jedoch ist Carl Theodor von Gmeiner, der es 1791 von seiner Mutter erbte. Der Archivar und städtische Syndikus schrieb in diesem Haus seine „Regensburgische Chronik", die bis heute eine bedeutende Quelle zur Stadtgeschichte darstellt.

Gmeiner soll aber auch eine mysteriöse Uhr besessen haben, ein Erbstück, das seiner Familie bereits seit langer Zeit gehörte. Die Uhr, die sich im ersten Stock des Hauses befand, sollte, so glaubte man, den Tod ankündigen können, denn einst war sie mit dem letzten Atemzug eines Sterbenden stehengeblieben.

Gmeiner selbst verschied am 30. November 1823 in diesem Haus, in dem er auch das Licht der Welt erblickt hatte. Ob die Uhr seinen Todeszeitpunkt vorhergesagt hat, ist nicht bekannt.

Bemerkenswert ist jedoch, dass das Haus nach Gmeiners Tod auffällig oft seinen Besitzer wechselte. Der Branntweinbrenner Andreas Grötsch, der das Haus samt Uhr 1841 gekauft hatte, ließ den unheimlichen Zeitmesser schließlich entfernen.

# DIE DREI MAGISCHEN NACHTIGALLEN IN DER KEPLERSTRASSE 1

Die imposante Patrizierburg in der Keplerstraße 1 ist den Regensburgern vor allem als „Runtingerhaus" bekannt. Die Runtinger waren im 14. Jahrhundert eine der bedeutendsten Kaufmannsfamilien der Stadt.

Im 16. Jahrhundert richtete die Familie Altschmidt im ehemaligen Stammsitz der Runtinger das Gasthaus „Zur Goldenen Krone" ein, das erst rund dreihundert Jahre später in das Haus Nummer 3 umzog. Während der Zeit des Immerwährenden Reichstags galt dieses Gasthaus als eines der vornehmsten der Stadt. Im Sommer 1546 soll sich hier ein merkwürdiger Vorfall ereignet haben. Einer der Gäste war an Nierensteinen erkrankt und konnte vor Schmerzen keinen Schlaf finden. Da hörte er, gleichsam im Fiebertraum, ein seltsames Schreien und Streiten in der nächtlichen Stille. Als er neugierig in den Gastraum schlich, bemerkte er, dass es nicht Menschen waren, die da stritten, sondern die drei Nachtigallen, die der Wirt in drei dunklen Käfigen hielt. Insbesondere die Stimmen von zwei Nachtigallen waren genau zu vernehmen, die dritte redete in einer ihm unbekannten Sprache.

Trotz seiner Schmerzen lauschte der Gast bis weit nach Mitternacht dem Gespräch der Vögel, die alles wiedergaben, was sie tagsüber von den Menschen

**INFO:**
Das Gebäude ist heute Sitz des Regensburger Stadtarchivs, in dem sich auch das Handelsbuch der Runtinger befindet.

Der „Runtingersaal" wird für verschiedene Veranstaltungen genutzt.

im Gastraum gehört hatten. So kamen die heimtückischen Absichten einiger Hausangestellter ans Licht: Diese hatten einen gemeinen Anschlag gegen den Wirt geplant, während sie sich ungehört wähnten. Doch die geheimnisvollen Nachtigallen hatten alles vernommen und diskutierten nun lebhaft darüber.

Der Gast war sehr erschrocken, als er davon erfuhr. Der Wirt, der nichts von den Fähigkeiten seiner Haustiere

ahnte, konnte auf diese Weise jedoch gewarnt werden. Die Übeltäter wurden gefasst.

Zudem sollen die klugen Tiere sogar verschiedene kriegerische Ereignisse richtig vorhergesagt haben.

Ihre Geschichte beeindruckte den Naturforscher Conrad Gessner derart, dass er sie in sein „Vogelbuch", das 1555 veröffentlicht wurde, mit aufnahm.

# WAHLENSTRASSE 11:
# EIN AFFE NIMMT RACHE

INFO:
Während der Barockzeit
waren Sänften ein beliebtes
Verkehrsmittel, vor allem
für vornehme Damen.
Wegen der schmutzigen,
schlammigen Straßen
versuchte man, sofern man
es sich leisten konnte,
möglichst wenig zu Fuß zu
gehen, um sich die teuren
Schuhe und bodenlangen
Röcke nicht zu ruinieren.

Das ursprünglich gotische
Haus in der Wahlenstraße
11 brannte 1911 weitest-
gehend nieder. Die heutige
Fassade ist schlicht und
schmucklos. Im Erdgeschoss
befindet sich das Leder-
warengeschäft „Umsonst".

Eine wenig bekannte, leicht skurrile Regensburger Stadtsage berichtet von einem Totengräber, der in der Wahlenstraße 11 lebte. Mithilfe einer Sänften-Trägerei wollte er sich einen ordentlichen Nebenverdienst aufbauen. Jedoch besaß er einen Affen als Haustier, der sich gerne in die Sänften schlich, dort Platz nahm und von den Trägern unbemerkt bis zu den Häusern der vornehmen Kunden mitgetragen wurde. Stiegen nun die Kunden in die Sänfte, erschraken sie oft bis ins Mark beim Anblick des wilden Tieres, das ihnen zähnefletschend entgegensprang.

Bald blieben die Kunden ganz aus. Der Totengräber entschied sich schließlich, den Affen zu verkaufen. Jahre später kehrte das Tier jedoch zurück. Es gehörte nun einem Schausteller, der mit einem Bären, einem Dromedar und dem mittlerweile dressierten Affen durch die Lande zog und nun auch nach Regensburg kam. Wie der Zufall es wollte, durchquerte er mit seinen Tieren in eben jenem Moment die Wahlenstraße, als der Sänftenträger gerade durchs Fenster nach draußen schaute. Sofort erkannte der Affe seinen untreuen Herrn, sprang ihm auf den Kopf und riss kreischend an seinen Haaren.

Nachdem das Tier seine Rache bekommen hatte, verschwand es und wurde erst nach einer langen Suchaktion in einer der Sänften wiedergefunden.

Bis zum Beginn des 20. Jahrhunderts zierte das Haus in der Wahlenstraße die Skulptur eines Mannes mit einem Affen auf dem Kopf. Heute befindet sich die Figur in der Sammlung des Historischen Museums. Allerdings stammt sie bereits aus dem 14. Jahrhundert. Sänftenträger als „Taxiunternehmer" sind in Regensburg aber erst in der Barockzeit urkundlich belegt. An der Geschichte vom rachsüchtigen Affen und seinem Besitzer könnte dennoch etwas Wahres dran sein. Das Regensburger Adressbuch von 1808 verzeichnet in der Wahlenstraße 11 einen „Johann Christian Phillip Ziegler, Totengräber".

# SPUK IM HAUS HEUPORT

Im 14. Jahrhundert ließ der Hansgraf Carl Kratzer ein gewaltiges Gebäude direkt gegenüber dem noch nicht fertiggestellten Dom errichten. Wegen eines kleinen Tores am Südende des Baus, vor dem der Heumarkt stattfand, wurde die beeindruckende Patrizierburg des Kaufmanns im Volksmund nur „Haus Heuport" genannt. Diesen Namen trägt es bis heute.

Zahlreiche Sagen und Legenden ranken sich um das Haus. Aufgrund seiner ungewöhnlichen Größe und Pracht wurde es noch im 17. Jahrhundert für die ehemalige Kaiserpfalz der Karolinger gehalten, die eigentlich ein Stück weiter östlich liegt.

Auch ein Nonnenkloster soll sich gerüchteweise darin befunden haben.

An der Mauerecke des Treppenhauses befinden sich zwei kleine, steinerne Figürchen, die auf das biblische Gleichnis von den törichten und den klugen Jungfrauen anspielen. Ein junger Mann mit lockigem Haar und einem Apfel in der Hand lächelt verführerisch ein Mädchen an. Die geschmeichelte junge Dame tritt, die Hand auf die Brust gelegt, auf ihn zu. Tritt der Betrachter um die Mauerecke herum und sieht sich den Rücken des Jünglings an, erkennt er die grausige Wahrheit, die dem Mädchen verborgen bleibt: Eine Ratte und eine Kröte quellen aus dem Körper des Mannes hervor, eine Schlange windet sich in seinen Leib hinein.

Der Mann ist der Teufel.

Die Sage erzählt auch vom Geist einer Nonne. Mit einem weißen Schleier vorm Gesicht soll sie um Mitternacht durch die Räume des Hauses wandern.

Ob auch sie Opfer eines teuflischen Verführers wurde und daher keine Ruhe finden kann?

Näheres zur Geisternonne ist leider nicht bekannt, allerdings beherbergte das Haus Heuport wohl nie ein Nonnenkloster.

# DIE KÖNIGLICHE VILLA

1810 wurde die ehemals Freie Reichsstadt Regensburg an das noch junge Königreich Bayern angegliedert. Über Jahrzehnte hinweg fehlte in Regensburg jedoch eine entsprechende königliche Residenz. Ein Kur-Besuch König Maximilians II. im Sommer 1852 sollte dies ändern. Auf Wunsch des Königs bot die Stadt den Bau eines repräsentativen Schlösschens an. Als Standort wählte man das Gelände der alten Ostenbastei, einem Teil der früheren Stadtbefestigung, von der noch immer Überreste erhalten sind (siehe Kapitel „Anatomieturm", Seite 57).

Mit dem Bau beauftragt wurde der Architekt Ludwig Foltz. Bereits im August 1855 konnte Richtfest gefeiert werden, rund ein Jahr später war das Gebäude vollendet.

Dem König sollte es als Sommerresidenz dienen, den heutigen Besucher jedoch erinnert es eher an ein Grusel-Schloss aus einem Edgar-Wallace-Streifen, besonders nach Einbruch der Dämmerung. Und dies ist kein Zufall. Eine romantische Sehnsucht des 19. Jahrhunderts gegenüber einer vermeintlich idealen Vergangenheit führte zu einer nostalgischen Verklärung des Mittelalters und seiner Bauformen. Ein an der Gotik angelehnter Baustil, die Neugotik oder auch *Gothic Revival*, kam in Mode. An englischen Vorbildern orientiert, wollte Maximilian II. diesen Stil auch in Bayern etablieren, mit dem Ziel, einen bayerischen Nationalstil zu entwickeln.

**INFO:**
Die Villa ist nur mit speziellen, unregelmäßig stattfindenden Führungen zugänglich. Sie bietet jedoch auch von außen einen beeindruckenden Anblick. Ein Besuch des 2015 nach originalen Plänen sanierten „Villaparks" lohnt sich in jedem Fall. Er ist rund um die Uhr zugänglich.

Die malerischen Erker der Villa, die Giebel und zinnenbe-
krönten Türmchen sind charakteristisch für die Neugotik.
Neben den 1869 fertiggestellten Domtürmen ist die Königliche Villa allerdings das einzige bedeutende Bauwerk dieses Stils in Regensburg.

Maximilian selbst besuchte die Regensburger Residenz nur
zweimal für wenige Tage, und auch seine Nachfolger behan-
delten sie eher stiefmütterlich. Ludwig III., der sich mit seiner Familie vor Ausbruch des Ersten Weltkrieges für kurze

Zeit dort aufhielt, bezeichnete sie wegen ihrer engen und wenig praktischen Räume gar als „Vogelnest". Heute befindet sie sich im Besitz des bayerischen Staates und beherbergt seit 2007 die Büros des Landesamtes für Denkmalpflege.

Bis in die 1980er Jahre hinein soll es in der Königlichen Villa gewaltig gespukt haben. Ob die Geister mittlerweile ausgezogen oder den Mitarbeiter/-innen des Landesamtes für Denkmalpflege schlichtweg nicht erschienen sind, ist nicht bekannt.

Wer abends im Park spazieren geht, fühlt sich jedenfalls unwillkürlich in einen Gruselfilm versetzt.

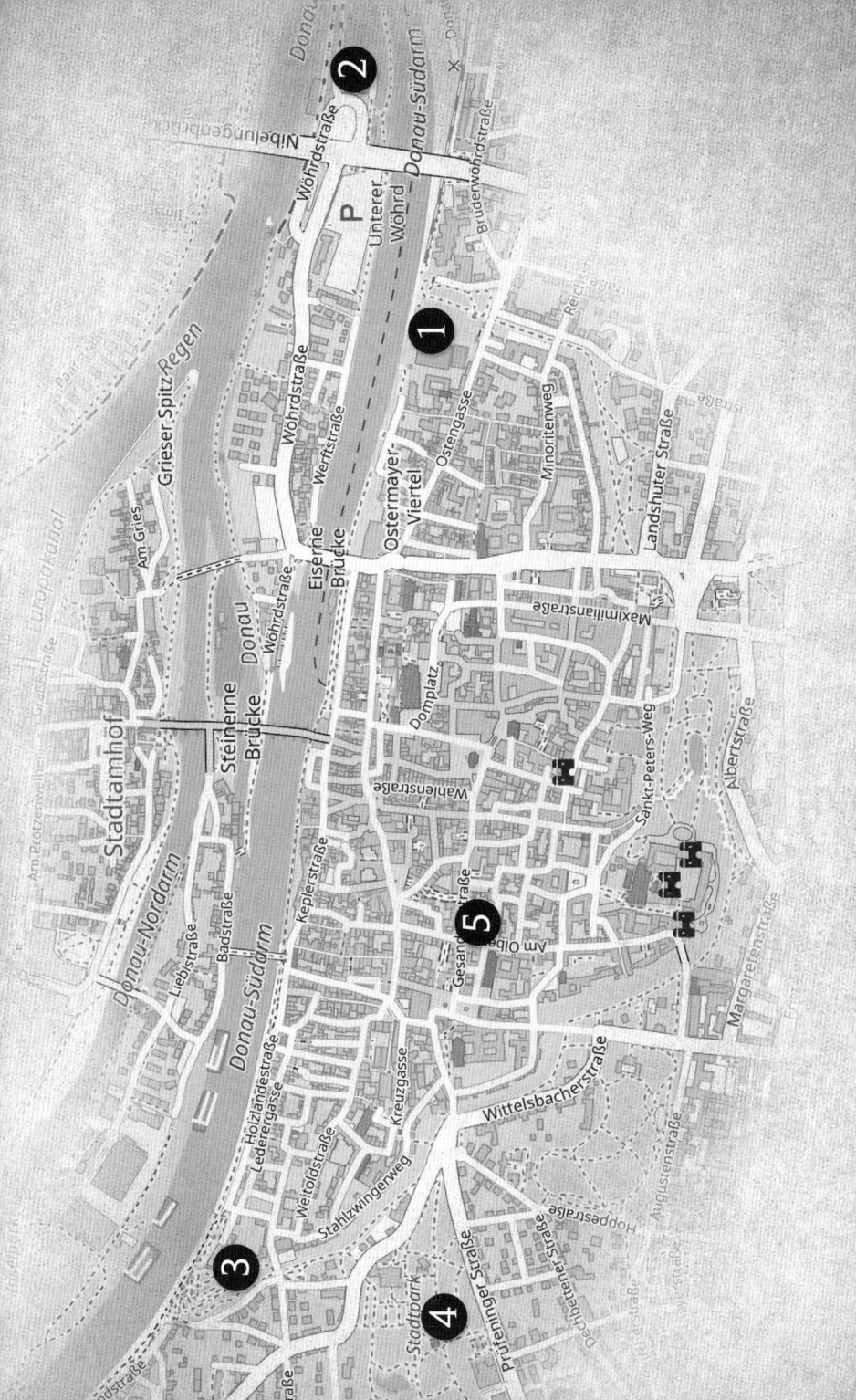

# DEM TOD AUF DER SPUR

Pestepidemien, Kriege und Seuchen ... Auch in Regensburg schwang der Sensenmann unbarmherzig sein todbringendes Instrument.

Das folgende Kapitel führt Sie an einen der schönsten Friedhöfe Regensburgs, aber auch an die Randgebiete der Altstadt. Heute sind diese von malerischen Parkanlagen begrünt, in der Vergangenheit boten sie allzu oft ein Bild des Grauens. Entdecken Sie die Spuren, die das Sterben in Regensburg hinterlassen hat und begeben Sie sich Seite an Seite mit dem Sensenmann auf eine Tour entlang der Altstadtgrenzen.

# DER ANATOMIETURM

Im Schatten der Königlichen Villa, am Rande der Parkanlangen, erhebt sich ein nach außen hin unscheinbarer Turm, in dem einst schaurige Dinge vor sich gingen. Ursprünglich war er einer der zahlreichen Türme der mittelalterlichen Stadtbefestigung. Während der sogenannten „Türkenkriege" im 16. Jahrhundert wurde dort Schwarzpulver gelagert. Der Turm ist daher auch als „Pulverturm" bekannt.

Im 18. Jahrhundert allerdings, als die mittelalterlichen Befestigungsanlagen ihre militärische Bedeutung mehr und mehr verloren, diente der Turm einem völlig anderen Zweck. Er wurde der Regensburger Ärzteschaft für anatomische Untersuchungen zur Verfügung gestellt. Sein entlegener Standort, der die Regensburger Bürger vor allzu starker Geruchsbelästigung schützte, mag dabei eine ebenso bedeutende Rolle gespielt haben wie die Nähe zur Donau. Über den Fluss konnten anfallende Leichensekrete leicht entsorgt werden.

1743 stellte der Rat der Stadt Regensburg die Leichen zweier enthaupteter Verbrecher für anatomische Forschungen zur Verfügung. Am 12. Dezember 1743 leitete der Arzt Ludwig Michael Dietrichs die erste Sektion im ehemaligen Pulverturm. Dieser war mittlerweile zum „Theatrum Anatomicum" umgestaltet worden. Ein solcher Seziersaal besaß eine tribünenartige, kreisförmige Anordnung von Sitz-

**INFO:**
Der Anatomieturm ist für die Öffentlichkeit leider nicht zugänglich. Von außen kann er aber jederzeit über den Villapark besichtigt werden.

plätzen, die den Zuschauern freie Sicht auf den Leichentisch im Zentrum des Raumes gewährten. Allerdings verfügte das Regensburger Anatomietheater nur über eine recht spärliche Ausstattung.

Dabei blickte die wissenschaftliche Sektion toter Körper bereits auf eine lange Tradition zurück. Schon in der Antike öffneten Ärzte Leichen, um den Aufbau des menschlichen Körpers zu studieren. Jedoch war die medizinische Sektion bereits damals mit großen religiösen und gesellschaftlichen Tabus behaftet. Papst Bonifaz VIII. verbot in einer Bulle von 1299 ausdrücklich das Zerstückeln und Auskochen menschlicher Leichen. Lange Zeit konnten daher kaum neue anatomische Erkenntnisse errungen werden. Erst eine neuerliche päpstliche Bulle von 1482 erlaubte die Sektion

von Toten zum Zwecke medizinischer Studien. Mit For-
schern wie Leonardo da Vinci und Andreas Vesalius erlebte
die Anatomie einen erstmaligen Aufschwung.

Das Öffnen von Leichen blieb allerdings über die Jahrhunderte hinweg mit großen Ängsten in der Bevölkerung
verbunden. Da für wissenschaftliche Zwecke in der Regel
nur die Körper von Verbrechern zur Verfügung standen,
empfand man die Sektion als ehrlos und schändlich. Viele
fürchteten um das Seelenheil der Toten.

So standen auch in Regensburg nur wenige Körper zur
Verfügung.

Der Anatomieturm wurde denn auch bald wieder seinem
ursprünglichen Verwendungszweck zugeführt und diente
seit 1812 wieder der Aufbewahrung von Schießpulver.

# DER SCHWARZE TOD:
## DIE PESTHÄUSER
## AM UNTEREN WÖHRD

**INFO:**
Die Pesthäuser tragen die
Adresse Wöhrdstraße 91
und 93. Sie haben heute
den Charakter gewöhnlicher
Gebäude. Von dem
einstigen Pest-Grauen ist
kaum mehr etwas
erkennbar. Ein Gedenkstein
für die Toten befindet sich
mittlerweile in der Kirche
auf dem Dreifaltigkeitsberg,
die 1713/14 erbaut wurde,
um die Seuche von den
Bürgern in Stadtamhof und
Steinweg abzuwenden.

**TIPP:**
Der Untere Wöhrd eignet
sich gut für einen idyllischen
Spaziergang am Flussufer.

Es beginnt mit Fieber, Kopf- und Glieder-
schmerzen. Dazu kommen blau-schwarz ge-
färbte Beulen an Hals, Achselhöhlen und der
Leistengegend, die der Krankheit ihren Namen ver-
leihen: die Beulenpest oder auch der Schwarze Tod.
Über Jahrhunderte hinweg hatten Erkrankte kaum
eine Chance, eine Infektion zu überleben. Ganze
Ortschaften wurden von der Seuche hinweggerafft.
Auch Regensburg blieb nicht verschont. Im Laufe
ihrer Geschichte wurde die Stadt über fünfzigmal
von der Seuche heimgesucht, zuletzt in den Jahren
1713/14. Die Epidemie kostete rund 8.000 Menschen das Leben, also fast die Hälfte aller Einwoh-
ner.

Schon zu Beginn der Epidemie verließen die Reichstagsgesandten fluchtartig die Stadt. Das gesellschaft-
liche Leben in der sonst so prachtvollen Reichsstadt
kam fast vollständig zum Erliegen. Aus Angst vor
Ansteckung mieden selbst Angehörige derselben
Familien einander. Dennoch ratterten Nacht um
Nacht die Totenkarren durch die Gassen, manchmal
so voll beladen, dass Leichen herunterfielen und
mitten auf der Straße liegenblieben.

Das Katharinen-Spital an der Steinernen Brücke
und St. Lazarus vor dem Jakobstor konnten bald
keine Kranken mehr aufnehmen. Da erinnerte man
sich an die Gebäude am Unteren Wöhrd, die bereits
im 17. Jahrhundert als Pestlazarett gedient hatten.

Der „Untere Wöhrd" ist die östliche Spitze einer Donauinsel und daher von der Lage her ideal, um Kranke zu isolieren. Etwa in Höhe der heutigen Nibelungenbrücke errichtete man einen Bretterzaun, um das gesamte Gelände von der Außenwelt abzuriegeln. Soldaten bewachten den Zaun. Angehörige von Kranken konnten Kleidung und Lebensmittel am Zaun abgeben. Das Pflegepersonal überbrachte dann die Gegenstände. Die Toten wurden im Garten des Lazaretts in Massengräbern bestattet.

Zur Behandlung der Seuche standen nur äußerst fragwürdige Mittel zur Verfügung. Aderlässe, Brech- und Abführmittel sowie Schwitzkuren sollten das sogenannte „Pestgift" aus dem Körper entfernen, dürften die Kranken jedoch nur noch mehr geschwächt haben. Die Beulen selbst behandelte man mit Salben aus Sauerteig, Holunderblättern oder Senfmehl.

Als Ursache der Seuche hatte man die vermeintlich giftigen Donaunebel sowie die allgemein schlechte Luft in Verdacht. Entsprechend versuchte man sich durch Ausräuchern von Zimmern und das Einatmen von Duftstoffen zu schützen. Amulette und Talismane sollten zusätzliche Wirkung zeigen. Allgemein riet man zu einer Wandlung des Lebensstils, galt doch die Seuche vor allem als Strafe Gottes für ein allzu lasterhaftes Verhalten.

Wirklich eingedämmt werden konnten die Pestepidemien freilich erst mit einer deutlichen Verbesserung der Hygiene im 19. und 20. Jahrhundert. 1894 entdeckte der Schweizer Arzt Alexandre Yersin den Erreger der Pest. Antibiotika nahmen ihr schließlich ihre Macht, nicht aber ihren Schrecken.

# HERZOGSPARK: DIE GEFANGENEN DES PREBRUNNTURMS UND DAS GEHEIMNISVOLLE JULCHEN

Der Hezogspark am westlichen Rand der Altstadt ist eine der schönsten Grünanlagen Regensburgs. Einst gehörte er zum 1804 errichteten Palais des Fürstlichen Thurn und Taxis'schen Hofrats von Müller. 1843, nach dem Tod des Hofrats, zog die Herzogin Marie Sophie von Württemberg in das Gebäude ein, weshalb es auch als „Württembergisches Palais" bekannt ist. Mittlerweile befindet sich darin das Naturkundemuseum Ostbayern.

Im 16. Jahrhundert jedoch bot sich hier ein ganz anderes, weitaus weniger malerisches Bild. Auf dem Gelände des heutigen Parks und Museums erstreckten sich damals die Wehranlagen der sogenannten „Prebrunner Schanz".

Teil dieser Wehranlangen war der Prebrunnturm, der sich etwa zehn Meter hoch erhebt. Eine von einem steinernen Löwen bewachte Innschrift datiert den Turm auf das Jahr 1293. Er gehörte also bereits zu den mittelalterlichen Befestigungen, die ab dem 16. Jahrhundert mehrmals umgebaut und erweitert wurden.

Im Mittelalter diente der Turm vor allem als Gefängnisturm. Schon recht geringe Vergehen konnten zu

**INFO:**
Der Herzogspark hat täglich bis Einbruch der Dunkelheit geöffnet.

einer Haftstrafe führen. Vor allem freche Reden gegen die Obrigkeit wurden auf diese Weise bestraft. So landete 1391 ein Angehöriger der Familie Runtinger (siehe Kapitel „Keplerstraße 1", Seite 43) für zwei Wochen im Gefängnis, weil er gegen den Stadtrat gewettert hatte.

Während des Dreißigjährigen Krieges erschütterten schwere Kämpfe die Wehranlagen. Am 3. November 1633 beschossen die Schweden an dieser Stelle die Stadtmauern und drangen durch eine Bresche in die Stadt ein. Gut ein halbes Jahr später eroberten kaiserlich-bayerische Truppen das besetzte Regensburg wieder zurück. Erneut kam es zu heftigen Beschießungen der Prebrunner Schanz. Der Turm wurde dabei so schwer beschädigt, dass er erst Jahre später wieder aufgebaut werden konnte. Nach den grässlichen Erfahrungen des Dreißigjährigen Krieges verstärkte man die Wehranlagen noch. Bis heute sind Teile davon zu erkennen. Sie fügen sich recht malerisch in den Park ein.

Die gefallenen Soldaten jedoch sollen keinen Frieden gefunden haben. Anders als die lästerlichen Häftlinge des Mittelalters werden ihre ruhelosen Seelen vielleicht für immer Gefangene des Prebrunnturms bleiben.

Im Nordwestteil des Parks befindet sich eine geheimnisvolle Figur, die auf völlig andere Weise an den Tod gemahnt: die Bronze-Plastik eines jungen Mädchens mit anrührend traurigem Gesichtsausdruck. Die Figur erinnert an Julchen Stender, die Tochter des damaligen Leiters der Bleistiftfabrik Rehbach. Julchen ging gerne im Herzogspark spazieren und traf sich dort mit der Herzogin von Württemberg. 1921, mit nur 17 Jahren, starb sie an Leukämie. Zum Andenken ließ ihre Familie eine lebensechte Bronzefigur des Mädchens errichten, die zunächst auf ihrem Grab im Evangelischen Zentralfriedhof stand. 1979 wurde das Grab aufgelöst. Die Figur fand ein neues Zuhause im Herzogspark, den das Mädchen einst so geliebt hatte. Liebespaare, aber auch unglücklich Verliebte, legen ihr bis heute Rosen in den Schoß und halten ihr Andenken dadurch lebendig.

# DIE TOTEN
## VOM STADTPARK

D er Stadtpark an der Prüfeninger Straße ist heute einer der beliebtesten Erholungsorte in Regensburg. Im Sommer finden hier Festivals statt, Kinder toben auf dem Spielplatz, Einheimische und Touristen genießen die Grünflächen.

Im Mittelalter jedoch war das Gelände, das sich damals noch außerhalb der Stadtmauern befand, ein Ort des Grauens. Auf Anordnung seines verstorbenen Bruders richtete Konrad Zant, Mitglied einer bedeutenden Regensburger Patrizier-Familie, auf dem Areal des heutigen Parks ein sogenanntes „Siechenhaus" ein. Lepra-Kranke fanden in diesem Gebäude einen letzten Wohnort, wo sie dem unausweichlichen Ende entgegenblickten, denn der „Aussatz" kannte damals keine Heilung.

Zu der Siedlung gehörten eine kleine Lazaruskapelle, ein Spital, ein Wohnhaus für den Geistlichen und ein Friedhof, auf dem die zahlreichen Toten bestattet wurden. Während des Dreißigjährigen Krieges wurden Kapelle und Siechenhaus zerstört.

Das Gelände jedoch wurde bis 1898 weiterhin als Friedhof genutzt. Dabei gab es sowohl einen katholischen als auch einen protestantischen Teil. Zwischen Bäumen und Sträuchern versteckt, sind bis heute Überreste des Friedhofs erhalten, die einen malerisch schaurigen Anblick bieten.

Die ehemals katholische Friedhofskapelle wird heute als russisch-orthodoxe Kirche genutzt.

**INFO:**
1910 wurde das Gelände des Stadtparks für die „Oberpfälzer Kreisausstellung" umgebaut. Bei dieser gigantischen Messe wurden Produkte aus Landwirtschaft, Industrie und Handwerk aus der ganzen Oberpfalz präsentiert. In der damaligen „Kunsthalle" befindet sich heute die „Ostdeutsche Galerie".

**TIPP:**
Im Stadtpark befindet sich auch das „Café unter den Linden" (Dr.-Johann-Maier-Straße 1), eines der ältesten Wirtshäuser Regensburgs. Bei schönem Wetter kann man hier im Biergarten entspannen und sich von den schaurigen Seiten der Stadt erholen.

Am westlichen Ende des Parks, an der Schillerstraße, befindet sich seit 1822 ein jüdischer Friedhof. Er wurde bis 1999 belegt. Die ältesten der etwa 900 Grabsteine sind, entgegen der üblichen Tradition, nach Norden hin ausgerichtet. Vermutlich, da sich in der Nähe der Schießplatz befand und irregeleitete Geschosse die Vorderseite der Gräber leicht hätten beschädigen können.

1831 versetzte eine Cholera-Epidemie ganz Europa in Angst und Schrecken. Auch in Regensburg bereitete man sich auf die Seuche vor. Um eine Verbreitung der Krankheit durch die Aufbahrung von Leichen in Wohnhäusern zu verhindern, errichtete man zwischen dem katholischen und dem protestantischen Teil des Friedhofes eine Leichenhalle, die von beiden Konfessionen genutzt wurde. Sie war die erste in Regensburg und steht noch immer. Skurrilerweise befindet sich hier heute ein Kindergarten.

# DER GESANDTENFRIEDHOF

**ÖFFNUNGSZEITEN:**
Der Gesandtenfriedhof kann während der Öffnungszeiten der Kirche besichtigt werden:

Während der Sommerzeit täglich 12.00–18.00 Uhr

Derzeit wegen Bauarbeiten leider geschlossen.

Stand: Juni 2019

**TIPP:**
Wer sich für alte Grabplatten und Epitaphien interessiert, wird auch in der St. Emmeramskirche fündig werden. Hier konnten sich unter anderem katholische Gesandte bestatten lassen.

Auf der Ost- und Südseite der Dreieinigkeitskirche liegt der sogenannte „Gesandtenfriedhof". Hier sind rund 20 beeindruckende Grabdenkmäler und 40 historische Grabplatten, die für protestantische Diplomaten errichtet wurden, zu sehen. Die Gesandten waren Teil des „Immerwährenden Reichstages". Zu den Reichstagen versammelten sich die Stände des Heiligen Römischen Reiches Deutscher Nation, um über wichtige politische, juristische und militärische Themen zu verhandeln. Zunächst fanden diese Reichstage in unterschiedlichen Abständen und an verschiedenen Orten statt. 1663 allerdings löste der Kaiser den Reichstag in Regensburg nicht mehr auf, er etablierte sich dauerhaft. Die Reichsstände bestimmten Gesandte, die sie auf dem „Immerwährenden Reichstag" vertreten sollten. Einige dieser Gesandten führten in Regensburg ein ausschweifendes, von Luxus- und Verschwendungssucht geprägtes Leben. Starb ein protestantischer Gesandter in Regensburg, konnte er sich auf dem Kirchhof der Dreieinigkeitskirche beisetzen lassen.

Dieser war zunächst nicht als Friedhof geplant. Bereits während des Dreißigjährigen Krieges allerdings wurden hier – aus Mangel an geeigneten Begräbnisstätten – schwedische Offiziere bestattet. Ihre Gräber sind leider nicht erhalten. Der erste Gesandte, der hier seine letzte Ruhe fand, ist Ludwig von Janowitz, der den Herzog von Württemberg vertrat und 1641 verstarb.

Aus hygienischen Gründen verbot die Stadt daraufhin die Begräbnisse rund um die Dreieinigkeitskir-

che. Das Verbot hielt gut zehn Jahre lang an, danach mussten die Toten in gemauerten Grüften bestattet werden, um die Hygienevorschriften einzuhalten.

Während des Immerwährenden Reichstages, der bis 1806 bestand, wurden rund 100 Bestattungen vorgenommen. Der letzte namentlich genannte Gesandte, der hier seine letzte Ruhe fand, ist Joachim Ludwig Freiherr Strein von Schwarzenau, Delegierter von Kurbrandenburg. Er starb 1787.

Auf dem Friedhof befindet sich auch eine Gedenktafel für den 1635 hingerichteten Ulrich von Schaffgotsch (siehe Kapitel „Haidplatz", Seite 89). Dessen Grab auf dem Kirchhof der Dreieinigkeitskirche wurde vermutlich bei der Errichtung des Epitaphs für den kursächsischen Gesandten Augustin von Strauch 1674 mutwillig zerstört.

Wer heute über den Friedhof spaziert, dem grinsen steinerne Totenköpfe und Gerippe von allen Seiten entgegen. Die Namen derjenigen, die hier begraben liegen, sind teils von der Geschichte verweht. Manch ehemals prächtige Grabstätte ist bereits vom Verfall gezeichnet. So wurden die Gedenkstätten selbst zum deutlichen Sinnbild für die Vergänglichkeit allen irdischen Seins.

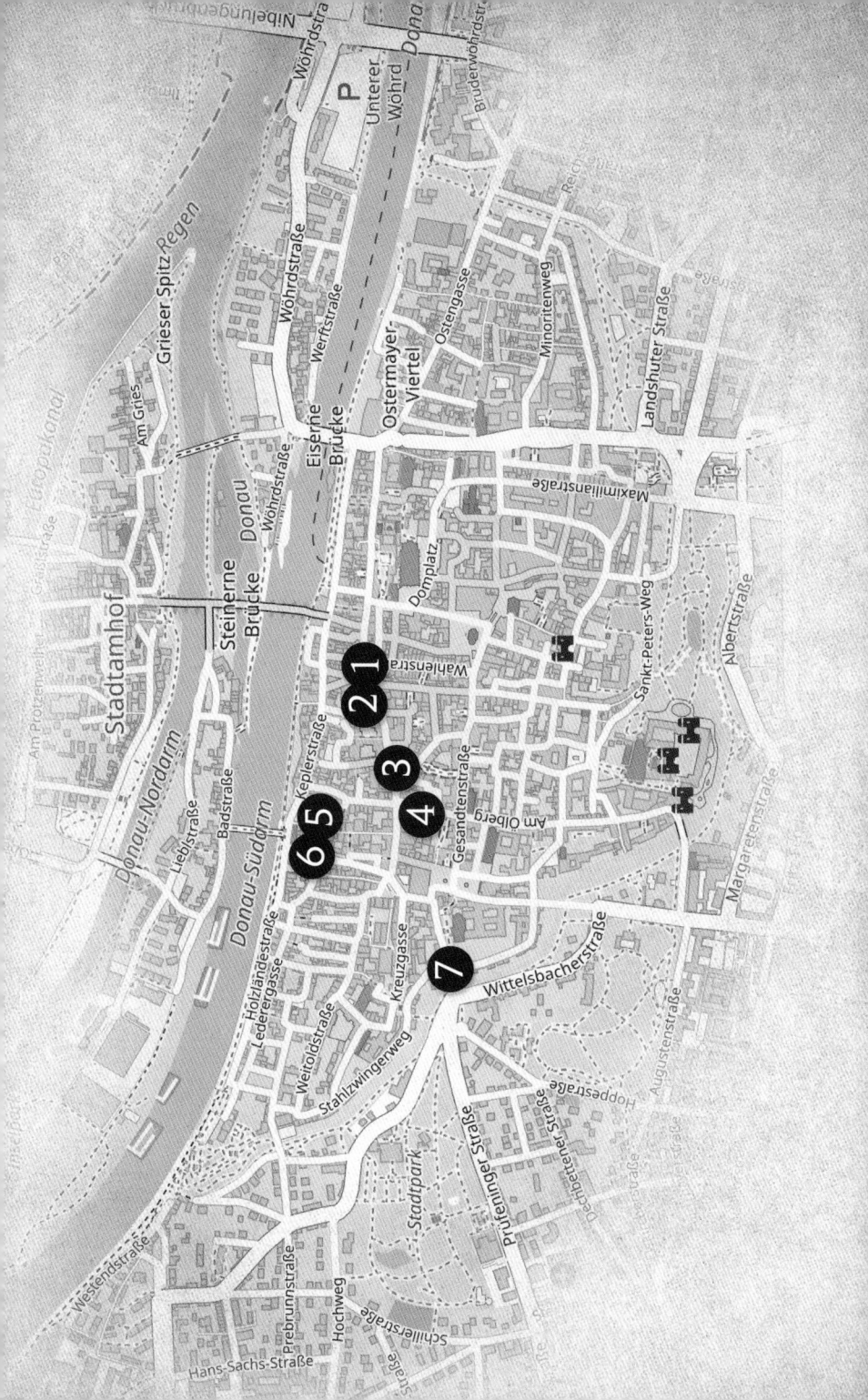

# IM ANGESICHT DES VERBRECHENS

Vom Prangerstehen bis zum Tod am Galgen … Den Verbrechern vergangener Jahrhunderte drohten drastische Strafen. Und dennoch erschütterten furchtbare Bluttaten auch die Welt von damals.
Das nächste Kapitel führt Sie exemplarisch an fünf Tatorte des 17., 18. und 19. Jahrhunderts und gibt so einen kleinen Einblick in die Welt historischer Verbrechen. Kaum weniger brutal als die Täter selbst waren jedoch die Maßnahmen der Justiz. Im Alten Rathaus bekommen Sie einen Eindruck der grausamen Mittel, die damals der Wahrheitsfindung dienten. Und wenn Sie durchs Jakobstor gehen, begleiten Sie mit diesem Buch im Geiste so manchen Missetäter auf seiner letzten Reise …

# KOHLENMARKT:
## TOD EINES MAGISTRATEN

**INFO:**
Heute erinnert auf dem
Kohlenmarkt nichts mehr
an die einstige Bluttat.
Auch der Gedenkstein ist
verschwunden. Stattdessen
laden die Freisitze der
umliegenden Gaststätten
zum Verweilen ein.

Am 26. Juni 1821 floss Blut auf dem Kohlenmarkt. Vorangegangen war ein jahrelanger Justizstreit, der Heinrich von Kleists „Michael Kohlhaas" alle Ehre machen würde.

Was war geschehen?

1817 geriet der Regensburger Schuhmachermeister Ludwig Steiner in einen Streit mit seinem Zunftgenossen, der ihm unter anderem vorwarf, sechs Kreuzer aus der Innungskasse entwendet zu haben (Anmerkung: Sechs Kreuzer entsprächen heute ungefähr einem Wert von 40 Euro). Obwohl Steiner seine Unschuld beteuerte, wurde er zu vierundzwanzig Stunden Arrest und einer offiziellen Entschuldigung verurteilt. Steiner, der sich durch das Urteil arg in seiner Ehre gekränkt sah, versuchte ein Jahr lang, dagegen anzukämpfen. Vergeblich. Der für den Fall zuständige Magistratsrat, ein junger Mann namens Karl Elsperger, lud ihn im Dezember 1818 vor und verkündete ihm das endgültige Urteil. Steiner bat nun darum, bevor er ins Gefängnis müsse, noch kurz nach Hause gehen zu dürfen, um seinen Gesellen für den nächsten Tag anzuleiten. Elsperger lehnte dies ab. Der Schuhmachermeister wurde umgehend ins Gefängnis abgeführt, weigerte sich aber weiterhin, sich zu entschuldigen. Zu tief sah er sich in seiner Ehre gekränkt. Aus der Haft entlassen, steigerte er sich in einen unbändigen Hass gegen den unbarmherzigen Magistraten hi-

nein. Sein Geschäft gab er auf, seine Frau verließ er und fortan lebte er nur für seine Rachegelüste.

In sämtlichen Wirtshäusern war bekannt, dass er ständig zwei geladene Pistolen mit sich führte. Öffentlich stieß er Morddrohungen gegen den Magistraten aus.

An einem Juni-Nachmittag des Jahres 1821 schließlich eskalierte die Situation. Steiner hatte gerade Leder in Stadtamhof gekauft und befand sich auf dem Rückweg zu seinem Haus in der Wahlenstraße. Auf dem Kohlenmarkt begegnete er Elsperger, der gerade aus dem Rathaus kam. Er sprach ihn an. Elsperger jedoch reagierte hochmütig, nannte ihn einen „dummen Kerl" und drohte ihm mit dem Stock. Da griff Steiner zur Pistole. Als diese versagte, zog er blitzschnell seine zweite Waffe. Elsperger wollte sie ihm noch aus der Hand schlagen, doch zu spät: Diesmal löste sich ein Schuss! Die Kugel traf den Magistraten mitten ins Gesicht. Nur wenige Minuten später starb er.

Steiner flüchtete zunächst in sein Haus, stellte sich dann aber der Polizei. Er wurde zum Tod durch das Schwert verurteilt. Später jedoch wurde das Urteil in eine lebenslängliche Haftstrafe umgewandelt.

Der Fall sorgte damals in der ganzen Stadt für großes Aufsehen. Flugblätter mit detaillierten Abbildungen des Mordes wurden verbreitet, am Kohlenmarkt wurde ein Gedenkstein aufgestellt.

Allerdings schienen nicht alle um den toten Magistraten zu trauern. Ein Handwerker hatte einst im Wirtshaus verkündet, er würde einen Finger opfern, wenn Elsperger getötet würde. Der Mann hielt sein Versprechen. Nach dem Mord hackte er sich selbst einen Zeigefinger ab, wickelte ihn in ein Stück Papier und zeigte ihn wie eine Trophäe in den Regensburger Wirtshäusern herum.

# EIN ORT DER QUALEN: DIE FRAGSTATT IM ALTEN RATHAUS

Das Alte Rathaus von Regensburg entstand Mitte des 13. Jahrhunderts und wurde im Laufe der Zeit mehrmals erweitert und umgebaut. Im sogenannten „Reichssaal", errichtet 1363, fanden einst rauschende Feste statt. Das Who is Who von Regensburg versammelte sich dort, um zu tanzen und zu feiern. Auch die Reichstage, bei denen wichtige politische Fragen entschieden wurden, hatten hier ihren Sitz.

Unter den Füßen der Oberschicht jedoch ereignete sich Grässliches. Denn direkt unter den Prunkräumen des Rathauses befindet sich die Fragstatt, gerne auch schlicht „Folterkammer" genannt. Bis heute bietet sich dem Besucher dort ein schauerlicher Anblick. Denn in den dunklen, fensterlosen Räumen hat sich die originale Einrichtung samt Folterinstrumenten erhalten.

Auf bedrückende Art und Weise kann der Besucher hier einen Einblick in das Rechtssystem der Freien Reichsstadt erhalten. Entgegen eines weit verbreiteten Irrtums war die Folter allerdings keine Strafe, sondern Teil des juristischen Prozesses. Sie diente als Mittel der Wahrheitsfindung. Laut mittelalterlicher Rechtsordnung konnte ein Angeklagter ohne entsprechendes Geständnis nämlich nicht verurteilt werden. Zunächst wurde der Beschuldigte in einen Vorraum gebracht, wo man mit der sogenannten „gütlichen Befragung" begann, also einem Verhör

INFO:
Die Fragstatt ist nur mit Führung durch das Reichstagsmuseum zugänglich. Aktuelle Führungszeiten und Eintrittspreise erfahren Sie unter:
www.regensburg.de/kultur/museen/alle-museen/document-reichstag.

ohne Folter. Führte dieses nicht zum gewünschten Geständnis, wurden dem Angeklagten die Folterinstrumente gezeigt, um ihn psychologisch zu zermürben und einzuschüchtern. Blieb auch dieser Schritt erfolglos, kam es zur „peinlichen Befragung", bei der die Folterinstrumente angelegt wurden.

Hierzu standen verschiedene Werkzeuge zur Verfügung. Am häufigsten in Gebrauch war der „Aufzug", auch als „Schlimme Liesel" bezeichnet. Die „Schlimme Liesel" ist eine von der Decke hängende, dreieckige Holzkonstruktion, die über einen Seilzug nach oben gezogen werden konnte. Die auf dem Rücken gefesselten Hände des Delinquenten wurden an der Dreieckskonstruktion festgebunden. Danach wurde der Aufzug in die Höhe gezerrt, was zu einer äußerst schmerzhaften Verrenkung der Schulterknochen führte. Verstärkt werden konnte die Tortur durch Steingewichte, die man an den Füßen des Gefolterten befestigte, oder indem man die Füße an Ringen im Boden festschnallte.

Nach einem ähnlichen Prinzip funktionierten die Streckleiter und die Streckbank. Verstärkt wurde die Pein teils durch brennende Fackeln, die man unter die Achselhöhlen des Delinquenten hielt.

Ebenfalls erhalten sind der „Beichtstuhl" und der „Spanische Reiter". Der „Beichtstuhl" ist eine Sitzfläche, die mit spitzen Holzkegeln versehen ist. Dem darauf Sitzenden wurden schwere Steine in den Schoß gelegt, sodass sich die Spitzen in sein Fleisch trieben. Der „Spanische Reiter" besteht aus einem senkrecht stehenden Brett mit einer scharfen Oberkante, auf das sich der Gefolterte rittlings setzen musste. Seine Füße konnten dabei mit Steingewichten beschwert werden.

Während der gesamten Befragung standen die Fragherren in einem durch ein Holzgitter abgetrennten, leicht erhöhten Raum. Ausgeführt wurde die Folter vom Scharfrichter und seinen Gehilfen. In der Kammer steht auch eine Bank, deren Lehne nur bis über die Hälfte der Sitzfläche reicht. Auf dieser saß der Wundarzt, der dafür Sorge tragen musste,

dass während der peinlichen Befragung niemand zu Tode kam. Die Hälfte der Bank ohne Lehne war für den Scharfrichter vorgesehen. Dieser galt als ehrlose Person, weshalb ihm keine Rückenlehne zustand.

Ein von Kerzen erleuchtetes Kruzifix sollte den Gefolterten daran gemahnen, die Wahrheit zu sprechen. Dass unter körperlicher Qual auch Unschuldige dazu genötigt werden könnten, die schlimmsten Verbrechen zu gestehen, wurde offenbar nicht als moralisches Problem empfunden. Man ging davon aus, dass Unschuldige durch göttliche Intervention die peinliche Befragung überstehen würden.

Die Tortur durfte daher auch maximal drei Tage anhalten. Überstand der Befragte diese Zeit, ohne ein Geständnis abzulegen – was selten vorgekommen sein dürfte –, wurde er freigesprochen.

Während des Prozesses wurden die Angeklagten in Lochgefängnissen, die bis zu drei Meter tief waren, verwahrt. Später entstanden noch die sogenannten „Blockeichen", niedrige, holzvertäfelte Räume, in denen der Gefangene in völliger Dunkelheit angekettet verharren musste. Die Räume waren so niedrig, dass der Gefangene nicht aufrecht darin stehen konnte.

Wurde ein Todesurteil gefällt, brachte man den Delinquenten in das „Armesünderstübchen". Hier nahm er die Henkersmahlzeit ein. Angehörige hatten die Möglichkeit, sich durch die vergitterten Fenster hindurch zu verabschieden. Danach wurde der Verurteilte zur Hinrichtungsstätte gebracht.

Hexenprozesse gab es in der Freien Reichsstadt Regensburg übrigens nur wenige. Aus dem Jahr 1595 ist jedoch ein spektakulärer Fall bekannt. Die 21-jährige Anna Püchelin, die offenbar an einer Geisteskrankheit litt, behauptete von sich selbst, sie könne Gewitter herbeirufen und Mäuse zaubern. Von den Regensburgern wurde sie daher nur „das Mausmädchen" genannt. Bereits von ihrer Mutter sollte sie im Alter von drei Jahren an den Teufel verkauft worden sein und mit ihm mehrmals die Hölle besucht haben.

Die für den Fall zuständigen Juristen erkannten jedoch den
Geisteszustand des Mädchens. Zudem fehlten wichtige Zeu-
genaussagen. Anna blieb daher der Tod auf dem Scheiter-
haufen erspart. Allerdings wurde sie für den Rest ihres Lebens eingekerkert.

# TOD AUF
# DEM HAIDPLATZ

Der Haidplatz mit seinem mediterranen Flair und den zahlreichen Gaststätten und Cafés gehört heute zu den beliebtesten Flanierorten in ganz Regensburg.

Ursprünglich war er nicht bepflastert, sondern mit Gras bewachsen, was ihm seinen Namen „die Haid" oder später schlicht „Haidplatz" einbrachte.

Im Mittelalter fanden hier blutige Zweikämpfe und Turniere statt. Berühmt ist der sagenhafte Kampf zwischen dem Regensburger Ritter Hans Dollinger und dem Haiden Krako. Krako, ein furchteinflößender Kämpfer in einem Panzer aus Elefantenhaut, soll angeblich mit dem Teufel im Bunde gewesen sein. Der Sage nach drückte er dies sogar auf seinem gewaltigen Schild aus, den ein schauderhaftes Bildnis des Höllenfürsten zierte. Prahlend forderte Krako die gesamte Regensburger Ritterschaft heraus, diese jedoch zögerte, sich auf einen Wettstreit mit dem teuflischen Kämpfer einzulassen. Nur Hans Dollinger, Spross einer angesehenen Regensburger Familie, wagte es, gegen den mächtigen Fremden anzutreten. Um ein Haar hätte er seinen Mut mit dem Leben bezahlt! Denn als er, die Lanze in der Hand, gegen den Feind anreiten wollte, sah er nicht nur einen Gegner vor sich, sondern gleich drei. Ein böser Zauber vernebelte ihm die Sicht! Zweimal wurde Dollinger niedergeworfen, doch als Krako sich bereits als Sieger sah, kam der Kaiser dem Dollinger zu Hilfe und

**INFO:**
Ironischerweise wird der Haidplatz heute vom Brunnen mit der Figur der Justitia dominiert. Er wurde 1656 während der Erneuerung der städtischen Wasserversorgung geschaffen und ersetzte einen älteren, schlichteren Brunnen. Mit der Steinfigur der Justitia sollte ausgerechnet die Gerechtigkeit der reichsstädtischen Macht glorifiziert werden.

drückte ein goldenes Kreuz gegen seine Lippen. Das Kreuz brach den Bann, unter dem der Regensburger Ritter stand. Beim dritten Anlauf konnte Dollinger seinen Gegner endlich aus dem Sattel heben. Tödlich getroffen sank Krako in den Staub.

Der Name des bekannten Cafés „Goldenes Kreuz" erinnert noch heute an diese bekannte Stadtsage.

Krako ist jedoch nicht der Einzige, der am Haidplatz sein Leben lassen musste.

Im Januar 1673 sollte dort ein spektakuläres Schauspiel stattfinden. Der französische Arzt und Seiltänzer Charles Bernovin hatte vom Turm des „Goldenen Kreuzes" bis zum Boden vor der „Neuen Waag" ein Seil spannen lassen. Mit brennenden Feuerwerkskörpern behängt wollte er den Gang über das Seil antreten. Hunderte von Zuschauern versammelten sich auf dem Platz, um das Kunststück zu beobachten. Doch das Spektakel nahm ein grausiges Ende! Mitten auf dem Weg kam Bernovin plötzlich ins Straucheln und stürzte in die Tiefe. Niemand konnte dem Sterbenden zu Hilfe eilen, denn sein Körper stand von den Feuerwerkskörpern bereits in Flammen.

Ein kaum weniger grausiges Schicksal hatte während des Dreißigjährigen Krieges den kaiserlichen General Hans Ulrich von Schaffgotsch ereilt. Er wurde des Hochverrats angeklagt, weil er sich angeblich mit Wallenstein verschworen haben sollte. Schaffgotsch beteuerte jedoch seine Unschuld.

Um ein Geständnis zu erpressen, wurde er ins Alte Rathaus gebracht, wo man ihn mehrmals folterte und ihn zudem zwingen wollte, den katholischen Glauben anzunehmen. Schaffgotsch aber blieb seiner protestantischen Gesinnung treu und weigerte sich standhaft, jedweden Verrat einzugestehen. Auch unter schwerster Folter legte er kein Geständnis ab. Obwohl nach damaliger Rechtsauffassung somit eigentlich seine Unschuld erwiesen war, wurde er zum Tod durch Enthauptung verurteilt.

Auch im Angesicht dieses Schicksals wollte der stolze Offizier seine Würde bewahren. So schickte er seinen Diener

Konrad zum Scharfrichter Hans Kraft, ließ ihm drei Dukaten überbringen und bat darum, während der Hinrichtung auf einem Schemel sitzen zu dürfen, anstatt auf dem Blutgerüst knien zu müssen. Die Bitte wurde ihm gewährt. Seine Diener ließen zudem die Richtbühne mit edlem, schwarzem Tuch verhängen.

Am 23. Juli 1635 betrat Schaffgotsch die Richttribüne, betete ein letztes Vaterunser und nahm auf dem Schemel Platz. Mit einem einzigen Schlag trennte der Scharfrichter ihm den Kopf vom Rumpf. Der Hut des Offiziers blieb dabei fest auf dem Haupt haften, der kopflose Körper saß weiterhin aufrecht, bis Schaffgotschs Diener den Schemel mit dem

Fuß umstieß. Der Leichnam des Offiziers wurde nun in einen offenen Sarg gelegt und im Gasthof „Zum Blauen Krebs" (heute: „Dicker Mann") zur Schau gestellt. Schaffgotsch hatte ausdrücklich befohlen, den Kopf nicht wieder anzunähen und das Blut nicht von seinem Körper abzuwaschen. Trotz dieses ohne Zweifel grausigen Anblickes pilgerten Tausende von Regensburgern in den „Blauen Krebs", um von dem hochgeachteten Offizier Abschied zu nehmen. Er wurde neben der Dreieinigkeitskirche bestattet, auf dem Friedhof, der heute als „Gesandtenfriedhof" bekannt ist. Sein Grabstein ist jedoch leider nicht erhalten.

# GLOCKENGASSE 14:
# DER ABGETRENNTE KOPF

An der Fassade des Hauses in der Glockengasse Nummer 14 befindet sich in einer Nische über dem Eingang ein steinerner Kopf mit weit aufgerissenen Augen. Eine ausgestreckte Hand greift von oben danach.

Über diese Steinfigur gibt es in Regensburg gleich mehrere Geschichten.

Der Besitzer des Hauses soll sich während des Dreißigjährigen Krieges, als die Stadt von den Schweden belagert wurde, mit dem Feind verbündet haben. Für diesen Verrat wurde er zum Tode verurteilt. Auf sein Flehen hin begnadigte man ihn, allerdings unter einer höchst seltsamen Bedingung: Er sollte zum Andenken an seine Schandtat den abgetrennten Kopf eines Verurteilten in sein Haus einmauern lassen. An diesen Kopf – und den Verrat des Hausbesitzers – soll noch immer das steinerne Haupt erinnern.

Laut einer anderen Geschichte soll das Haus einst eine Freiung gewesen sein, ein Ort, an dem die Bürger vor der richterlichen Gewalt sicher waren. Ein zum Tode verurteilter Verbrecher soll einmal in diesem Haus Zuflucht gesucht haben und so seiner Strafe entgangen sein. Aus Dankbarkeit ließ er seinen Kopf in Stein meißeln und zusammen mit der steinernen Hand des Henkers an der Hauswand anbringen.

Die dritte Geschichte erzählt von einem Glockengießer, der verdächtigt wurde, einen Kollegen getötet zu haben. Er wurde wegen Mordes zum Tode verurteilt. Im letzten Moment jedoch stellte sich seine Unschuld heraus. Zum Gedenken an die ungerechte Schmach ließ er den steinernen Kopf, nach dem der Henker greift, an seiner Hausfassade aufstellen.

Die Inschrift in der Nische hinter dem Kopf gibt diesem jedoch eine völlig andere Bedeutung. Sie lautet: „JOHANES BAPTISTA" und weist das Haupt somit als das von Johannes dem Täufer aus. Diesem wurde auf Bitten von Herodes' Tochter Salomé als Belohnung für dessen Schleiertanz der Kopf abgetrennt.

Allerdings stellt die Figur streng genommen nicht das Haupt eines Geköpften dar, sondern eine Büste. Die Hand wäre demnach die Hand Salomés, die bereits drohend über dem gefangenen Johannes schwebt.

Warum die Büste des Johannes ausgerechnet an diesem Haus angebracht wurde, bleibt jedoch im Verborgenen.

# DIE ILLUMINATEN UND DIE ENGELBURGERGASSE

INFO:
Obwohl sie in der Nachkriegszeit als verrufene Gegend galt, wuchsen in der Engelburgergasse berühmte Persönlichkeiten auf: der Schriftsteller Georg Britting (1891–1964) und der Ingenieur und „Vater" des Airbusses Johann Schäffler (1935–2012).

Von 1531 bis zu seinem Tod 1534 lebte in der Engelburgergasse 14 der Historiker Johannes Aventinus.

Um kaum eine Organisation ranken sich so viele Mythen wie um den 1776 in Ingolstadt gegründeten Orden der Illuminaten. An der Französischen Revolution und an der Entstehung der Vereinigten Staaten sollen sie beteiligt gewesen sein. Im Geheimen sollen sie gar bis heute wirken, um irgendwann die Weltherrschaft an sich zu reißen.

Etwas weniger bekannt hingegen ist die Verbindung der Illuminaten zu Regensburg. 1785 wurde der Orden wegen staatsgefährdender Tendenzen vom bayerischen Kurfürsten Karl Theodor verboten. Ordensgründer Adam Weishaupt floh nach Regensburg und tauchte in der Freien Reichsstadt, wo der Kurfürst keine Macht hatte, unter. Das Haus seiner Schwägerin in der Engelburgergasse 8 diente ihm dabei als Unterschlupf.

Tatenlos blieb Weishaupt jedoch nicht. Zum einen verfasste er in Regensburg einige Schriften zur Verteidigung des Illuminatenordens, zum anderen waren auch etliche seiner Anhänger in die Freie Reichsstadt geflohen. Im Gasthof „Blauer Engel", heute als „Gravenreuther" bekannt, fand so manches konspirative Treffen statt.

Der Kurfürst indes war Weishaupt weiterhin auf den Fersen. Zwar konnte er den Illuminatengründer innerhalb der Stadtmauern Regensburgs nicht verhaften, es war aber bekannt, dass Weishaupt häufig Spaziergänge außerhalb der Stadtgrenzen unternahm, bei denen er auch in bayerisches Gebiet vordrang.

Tatsächlich wurde ihm einer dieser leichtsinnigen Spazier-gänge zum Verhängnis. Am 20. Juli 1785 war er mit seinem Freund, dem Priester und Naturforscher Johann Jakob Lanz, unterwegs, als ein schweres Gewitter aufzog.

Unter einem Lindenbaum in der Nähe des Gasthofes „Unter den Linden" suchten die beiden Männer Schutz vor dem Unwetter, als ein Blitz in den Baum einschlug.

Der Priester war sofort tot, Weishaupt selbst blieb unver-letzt. Später fand man, in sein Gewand eingenäht, Namens-listen von Ordensmitgliedern und Illuminatenpapiere bei dem Toten.

Die Liste der Ordensmitglieder wurde sofort in Kopie nach München und Ingolstadt geschickt und war damit die per-fekte Grundlage für die Verfolgung der Illuminaten. Umge-hend begannen Hausdurchsuchungen, Verhöre und Verhaf-tungen.

Weishaupt selbst wurde zwar nicht geschnappt, konnte sich nach dem tragischen Unglück aber in Regensburg nicht mehr sicher fühlen. Er floh nach Gotha, wo er 1830 nach längerer Erkrankung starb.

# MORD AM WEISSGERBERGRABEN

**INFO:**
Am Weißgerbergraben erinnert heute nichts mehr an die Bluttat. Sehenswert ist aber auch die Kirche St. Oswald, die an der Ecke Weinmarkt/Weißgerbergraben liegt. In ihr befindet sich die einzige erhaltene Orgel des Regensburger Klavier- und Orgelbauers Franz Jakob Späth (1714–1786).

Am Karfreitag des Jahres 1723 erzählte der Regensburger Metzger Friedrich Lößel seiner Frau von einem grauenvollen Alptraum: Er habe sich in der Schenke betrunken, sei mit einem seiner Begleiter in Streit geraten und habe diesen grausam getötet.

Die Ehefrau warnte ihren Gatten ausdrücklich vor der prophetischen Kraft der Träume und ermahnte ihn, dem Alkohol künftig fernzubleiben.

Doch die Warnung hielt nur für kurze Zeit. Bereits gegen Mittag war die bedrückende Wirkung des Alptraums verflogen, und Lößel begab sich in die erste Kneipe. Auf dem Weg traf er seinen Vetter Hans. Die beiden begannen eine ausgeprägte Sauftour, die sie von der Wahlenstraße in die Engelburgergasse und schließlich zum Weißgerbergraben führte. Dort gerieten die beiden in Streit. „Grünhaar", nannte der Vetter den rothaarigen Lößel, spottete über seine Schulden, seine Ehefrau, seine Kinder. Lößel geriet in Rage. Doch der Vetter hörte nicht auf mit seiner Schelte, der Alkohol trieb ihn zu immer übleren Schimpfworten an. Da ergriff Lößel eine Axt und schlug dem Vetter den Schädel ein. Woher er die Mordwaffe hatte, wurde niemals geklärt, doch Lößel war von Wut und Alkohol derart berauscht, dass er auf den bereits toten Vetter immer wieder einschlug.

Danach suchte er die nächste Kneipe auf. Die Ehefrau des Ermordeten begann, nach ihrem Mann zu suchen, ging sogar an dem Toten vorüber. Dieser jedoch war so grässlich entstellt, dass sie ihn zunächst nicht erkannte.

Lößel gelang es noch einige Zeit, frei herumzulaufen und seine Tat zu leugnen, bis sich Zeugen fanden, die den Streit mitangehört hatten. Vor dem evangelischen Prediger Johann Melchior Grimm schließlich legte er ein umfassendes Geständnis ab, das er vor Gericht wiederholte.

Lößel wurde zum Tode verurteilt. Am Tag seiner Hinrichtung bat er die Witwe des Verstorbenen und deren Kind um Vergebung. Von seiner Ehefrau verabschiedete er sich tränenreich. Endlich trat er den Weg zum Rabenstein an. Alle Reuebekundungen jedoch nutzten ihm nichts: Mit einem einzigen Hieb trennte ihm der Henker den Kopf von den Schultern.

# DIE LETZTE REISE
# DURCH DAS JAKOBSTOR

INFO:
Fürstprimas Carl Theodor von Dalberg ließ 1806 den Rabenstein beseitigen. Zu Beginn des 19. Jahrhunderts fühlte man sich bereits zu aufgeklärt, um sich noch mit den barbarischen Hinrichtungsmethoden des Mittelalters und der Frühen Neuzeit zu identifizieren. Abgeschafft wurde die Todesstrafe in der BRD allerdings erst mit dem Inkrafttreten des Grundgesetzes von 1949, in der DDR wurde die letzte Todesstrafe 1981 vollstreckt. In der Bayerischen Verfassung, die allerdings unter dem Grundgesetz steht, gab es sogar noch 1998 einen Artikel zur Todesstrafe, der erst durch einen Volksentscheid gestrichen wurde.

War ein Verbrecher zum Tode verurteilt worden, so wurde er vom Gefängnis aus mit einem Karren zur Hinrichtungsstätte gebracht. Handelte es sich um einen Schwerverbrecher, konnte die letzte Fahrt auch per „Ausschleifen" geschehen. Dabei saß der Verurteilte auf einem niedrigen, von Pferden gezogenen Schlitten, während der Henker ihn mit glühenden Zangen peinigte.

Enthauptungen fanden während des Mittelalters meist innerhalb der Stadtgrenzen statt. Der Galgen befand sich seit 1368 an der Stelle, die auch heute noch „Galgenberg" genannt wird. 1503 ließ der Rat eine Hinrichtungsstätte außerhalb des Jakobstores errichten, dort, wo sich heute die Prüfeninger- und die Dechbettener Straße kreuzen.

Über Jahrhunderte hinweg traten Verurteilte ihren letzten, demütigenden Weg durch das Jakobstor an. Die Hinrichtungsstätte selbst bestand aus einer erhöhten, runden Steinterrasse, die Schaulustigen einen Blick auf das Geschehen gewährte, gleichzeitig jedoch den Verurteilten vor Übergriffen schützte. Im Volksmund wurde dieser Ort „Rabenstein" oder schlicht „Köpfstatt" genannt.

Ausgeführt wurde die Hinrichtung vom Scharfrichter. Dieser galt zwar als ehrlos, war aber in der Bevölkerung oft ein gefragter Wundarzt, da er sich aufgrund seiner Tätigkeit mit der menschlichen Anatomie gut auskennen musste. Zudem rankten sich

um die Überreste von Hinrichtungen zahlreiche abergläubische Vorstellungen. Stücke von Galgenstricken, Galgenholz und Blut von Geköpften waren zum Beispiel beliebte Talismane, die man sich vom Scharfrichter gerne beschaffen ließ.

Die Kunstfertigkeit von Henkern regte zudem die Phantasie der Bevölkerung an. Über die Regensburger Scharfrichter erzählt man sich folgende Geschichte: Einst sollten drei Verbrecher auf dem Rabenstein hingerichtet werden, die Stelle des Scharfrichters war aber gerade vakant. Drei Bewerber sollten an den Verurteilten ihr Können unter Beweis stellen. Der erste zeichnete einen Ring um den Hals eines Delinquenten und schlug ihm dann exakt an dieser Markierung den Kopf ab. Der zweite setzte noch eins drauf: Er band dem

zweiten Delinquenten zwei Fäden um den Hals, die ganz dicht beieinander lagen. Als er zum Schlag mit dem Schwert ausholte, traf er mitten in den winzigen Spalt zwischen den Fäden und trennte den Kopf des Verurteilten mit einem Hieb ab. Schon schien der Sieger ermittelt. Der dritte Bewerber jedoch lächelte eiskalt, schwang sein Schwert und schlug mit einem einzigen Streich drei Köpfe zugleich ab: den des letzten Verurteilten und die seiner Konkurrenten.

Treffsicherheit war für den Scharfrichter eine überlebensnotwendige Fertigkeit, wie ein Vorfall aus dem Jahr 1640 beweist: Die erst 18-jährige Katharina Reitmeier war zum Tode verurteilt worden, weil sie ihr uneheliches Kind mit drei Messerstichen getötet hatte. Dem Scharfrichter Hans Kraft aber misslangen die ersten beiden Hiebe. Er traf das unglückliche Mädchen zunächst in die Schulter, dann in die Wange. Erst mit dem dritten Schlag starb die Verurteilte, jedoch wurde die Enthauptung derart stümperhaft ausgeführt, dass die gaffende Menge in Zorn geriet. Panisch floh der Henker von der Richtstätte durch das Jakobstor. Der wütende Mob jedoch verfolgte ihn und stach ihn nieder.

Aufsehen erregte in der ersten Hälfte des 16. Jahrhunderts der Serienmörder Hans Reichardt. Reichardt ermordete 1533 den Domkaplan Ulrich Widman in dessen eigener Wohnung, indem er ihm die Kehle durchschnitt. Anschließend raubte er die Wohnung aus. Der Mord blieb zunächst ungeklärt, denn Reichardt konnte noch zwei weitere Menschen auf dieselbe Weise töten: den Stiftskanoniker Sebastian Girstner und einen Zeugen, der ihn bei diesem Mord beobachtete. Einem zweiten Zeugen jedoch gelang die Flucht. Reichardt versteckte sich zunächst auf einem Dachboden, bald aber suchte die gesamte Stadt nach ihm. Der Mörder wurde gefasst, zum Tode verurteilt und zum Rabenstein „ausgeschliffen". Dort wurde er am Boden gefesselt und vom Henker viermal „gerädert". Beim Rädern wurden dem Verurteilten mit einem schweren Wagenrad die Glieder zerschmettert. Anschließend trieb man einen Pfahl durch den Körper des noch Lebenden. Der Tod trat durch einen Schlag gegen die Kehle ein. Etwa 20.000 Zuschauer sollen der grausamen Hinrichtung beigewohnt haben.

Rund einhundert Jahre später fand man in der Kreuzgasse den Sohn eines Juweliers mit schweren Stichverletzungen auf. Aufgrund der Aussage des Sterbenden beschuldigte man David Scheuer der Tat, der dem Vater des Jungen noch Geld schuldete. Scheuer jedoch leugnete die Tat. Da führte man ihn in das Haus des Wundarztes, wo der Leichnam des Jungen aufgebahrt lag. Angeblich begann die Wunde des Toten daraufhin erneut zu bluten, nach damaligem „Bahrrecht" ein eindeutiger Beweis für die Schuld des Angeklagten. Scheuer leugnete allerdings die Tat weiterhin. Erst nach Tagen der Folter konnte ein umfassendes Geständnis erpresst werden. Der Verurteilte wurde daraufhin zur Hinrichtungsstätte verbracht, wo man ihm zunächst die rechte Hand abschlug, um ihn danach mehrmals zu rädern und am Galgen aufzuknüpfen.

Der Leichnam des Hingerichteten wurde neben dem Galgen verscharrt, verschwand aber einige Tage darauf auf mysteriöse Art und Weise. Sein Verbleib wurde nie aufgeklärt.

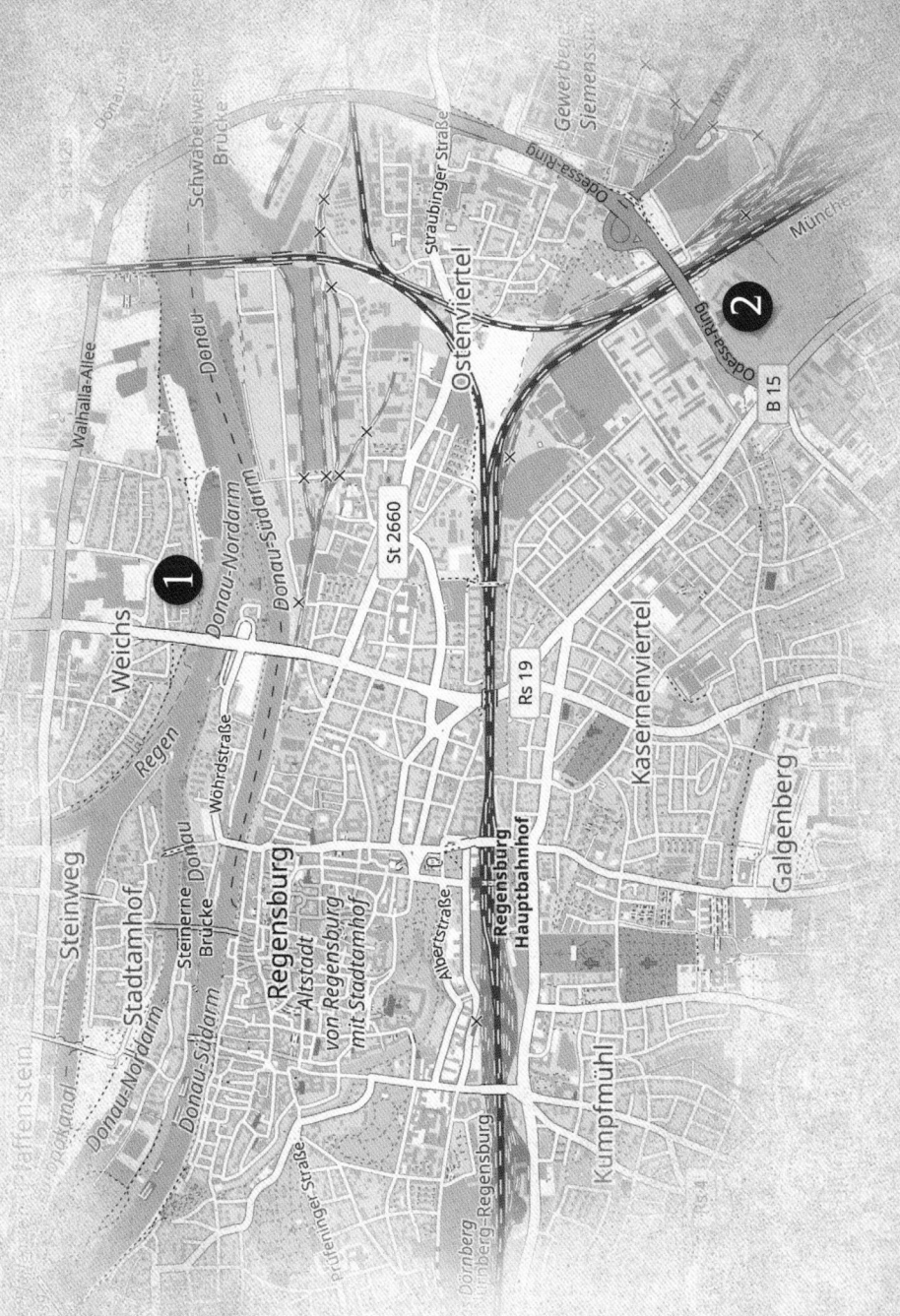

# UNHEIMLICHES AUSSERHALB DER ALTSTADT

Auch abseits der Altstadtmauern verbirgt sich Unheimliches!
Entdecken Sie das märchenhafte Dornröschenschloss Pürkelgut, in dem einst rauschende Feste gefeiert wurden, und das mittlerweile, verborgen hinter dichtem Grün, den Charme eines „Lost Place" versprüht.
Schloss Weichs hingegen lädt zum Verweilen ein, aber Vorsicht: Hier gehen jede Menge Geister um!

# SPUKSCHLOSS WEICHS

Nur wenige Meter südlich des Donau-Einkaufszentrums und doch fernab von jeglicher Konsum-Hektik liegt Schloss Weichs. Regensburg-Besucher können hier in liebevoll eingerichteten Ferienwohnungen mit historischem Flair und antikem Mobiliar übernachten. Wer hier zu Gast ist, muss sich allerdings auf übernatürlichen Besuch einstellen, denn auf Schloss Weichs spukt es gewaltig!

Im Juni 2017 quartierte sich eine russische Familie in der Ferienwohnung „Herzog Otto" ein. In der Nacht soll der 12-jährigen Tochter der Familie der Geist eines etwa gleichaltrigen Mädchens erschienen sein. Das Wesen schwebte vor dem Fenster und blickte verzweifelt in das Zimmer hinein. Das russische Mädchen war daraufhin so erschrocken und verstört, dass es sich weigerte, das Schloss noch einmal zu betreten.

Bloß ein Hirngespinst, Ausgeburt einer kindlichen Phantasie?

Nur zwei Monate später wurde ein deutsches Paar im Apartment „Graf Heinrich von Guttenstein" von merkwürdigen Vorkommnissen heimgesucht. Mitten in der Nacht fielen plötzlich Schwerter und Säbel von den Wänden, obwohl die Befestigungen unbeschädigt waren. Eine Uhr blieb genau um 01.45 Uhr stehen, das Paar konnte in der Nacht keine Ruhe finden. Schlossherr Siegfried Hofmeister hat in dem Gebäude noch keinen Geist gesehen. Bei der langen und be-

**ADRESSE:**

Schloss Weichs
Weichser Schlossgasse 11a
93059 Regensburg

Nähere Informationen
zu den Ferienwohnungen
unter:
www.schloss-weichs.de

wegten Geschichte des Schlosses jedoch verwundert es nicht, dass sich auch düstere Legenden bilden. 1504 beispielsweise geriet das Schloss in den Besitz der böhmischen Grafen von Guttenstein. Rund zehn Jahre später ließ Heinrich von Guttenstein das Schloss zur Festung ausbauen. Gemeinsam mit seinem Bruder Dietrich unternahm er Raubzüge gegen die Reichsstadt Nürnberg. Doch die beiden finsteren Ritter gerieten dabei in einen tödlichen Streit. Dietrich verriet seinen Bruder. Heinrich wurde hinterrücks mit einem Dolch ermordet, Dietrich zog auf Schloss Weichs ein. Er konnte sich seines Besitzes jedoch nicht lange erfreuen, so heißt es. Sein toter Bruder ging jede Nacht auf den Gängen des Schlosses um, immer und immer wieder hallten die Worte „Warum, mein Bruder, warum …" durch die Gemäuer.

Aber noch andere ruhelose Seelen könnten das Gebäude heimsuchen. Während des Dreißigjährigen Krieges sollen auf dem Gelände Frauen und Kinder begraben worden sein, die im Krieg verhungert waren.

1630 zog der Pfleger von Stadtamhof in das Schloss ein, weil sein ursprünglicher Amtssitz zerstört worden war. Der Pfleger war gleichzeitig Richter, Verwaltungs- und Steuerbeamter sowie Militärkommandant. Auch Todesurteile konnte er verhängen.

1804 wurde das Pflegeamt aufgelöst. Um 1850 beherbergte das Schloss ein Armenhaus. Während des Zweiten Weltkrieges dienten die Kelleranlagen als Bunker. Ein mittlerweile nicht mehr zugänglicher Geheimgang soll bis zur Donau geführt haben.

Heute ist das Schloss in Privatbesitz.

Die Geister in den altehrwürdigen Mauern schrecken die Besucher jedoch nicht ab. In den Ferienwohnungen nächtigten bereits berühmte Gäste wie Franz Friedrich Prinz von Preußen, der Urenkel des letzten deutschen Kaisers.

# LOST PLACE:
## SCHLOSS PÜRKELGUT

Ein bisschen verwildert, ein bisschen verfallen und verwunschen: Schloss Pürkelgut erinnert heute an ein vergessenes Märchenschloss. Dabei blickt das Gebäude bereits auf eine sehr lange Geschichte zurück, war geradezu Zeuge der gesamten Stadtgeschichte. Bereits im 13. Jahrhundert ist an dieser Stelle ein Gutshof belegt, der wohl die Residenz der Agilolfinger-Herzöge am Kornmarkt mit Nahrungsmitteln versorgte. Im 16. Jahrhundert brannte der Gutshof jedoch bis auf die Grundmauern nieder. 1529 ließ der Patrizier Wolfgang Horneck ihn wieder aufbauen. Damals entstand auch ein Schlösschen, umgeben von Mauern und Gräben. 1633, während des Dreißigjährigen Krieges, war es von kaiserlichen Soldaten besetzt. Der Ansturm schwedischer Truppen zog es arg in Mitleidenschaft. Knapp hundert Jahre lang lag das Schlösschen in Trümmern, bis es vom Regensburger Kaufmann Johann Jakob Pürkel erworben wurde, der es erneut aufbauen ließ. Damals erhielt es sein barockes Gewand. Mitte des 18. Jahrhunderts entwickelte es sich zu einem berühmten Schauplatz rauschender Feste der Regensburger Reichstagsgesandten.

Auch Kaiser Napoleon war hier für kurze Zeit zu Gast. Als er 1809, während der Schlacht um Regensburg, am Fuß verwundet wurde, ließ er sich nach Pürkelgut bringen, um die Verletzung zu versorgen. Danach reiste er nach Karthaus-Prüll ab, wo er übernachtete.

**INFO:**
Einhauser Straße 2,
93053 Regensburg

Eine Besichtigung der Schlossräume ist derzeit leider nicht möglich.
Stand: Juli 2019

Im Sommer wird das Gelände rund um das Schloss jedoch regelmäßig für Open-Air-Festivals und Partys genutzt.

Ein weiterer berühmter Gast ist der Dichter Eduard Mörike. Er weilte Ende 1850 auf Schloss Pürkelgut, um dort seinen Bruder Ludwig Mörike zu besuchen. 1844 war das Schloss an den Fürsten Maximilian Karl von Thurn und Taxis verkauft worden. Er nutzte es als Jagdschloss. Mörikes Bruder hatte die Position des Fürstlichen Gutsverwalters inne. Die Weltkriege überstand das Schloss weitestgehend unbehelligt. Bis 1975 diente es als Unterkunft für Kriegsflücht-

linge und Bedienstete der Gutsverwaltung. Seitdem steht es leer.

2016 verkaufte das Fürstliche Haus es an eine Regensburger Immobilienfirma.

Den Geistern der Vergangenheit wird dies jedoch gleich sein. Sie haben im Laufe der Jahrhunderte schon viele Besitzer kommen und gehen sehen.

# VON GEISTERSTIMMEN UND ANDEREN MYTHEN

Den Abschluss dieses unheimlichen Stadtrundgangs bilden zwei besondere Geistergeschichten sowie ein urbaner Mythos, der Sie in die Welt des Regensburger Untergrunds begleiten soll …

- NEUTRAUBLING: GEISTERTERROR IN DER ZAHNARZTPRAXIS
- „LISERL": EIN HILFREICHER GEIST
- DIE „GEHEIMEN" KELLER VON REGENSBURG

# NEUTRAUBLING:
## GEISTERTERROR
## IN DER ZAHNARZTPRAXIS

Es begann im Sommer 1981. Aus dem Telefon des Neutraublinger Zahnarztes Kurt Bachseitz dröhnte mehrmals täglich eine ominöse Geisterstimme, die sich selbst „Chopper" nannte. Die Post untersuchte den Fall mit Fangschaltungen und technischen Messungen. Ohne Erfolg. Chopper trieb es immer wilder, beleidigte die Patienten der Praxis mit wüsten Beschimpfungen, brüllte aus der Toilette und sogar aus dem Spucknapf. Der 16-jährigen Zahnarzthelferin Claudia machte er hingegen romantische Liebeserklärungen.

Der mysteriöse Poltergeist beschäftigte damals monatelang die Medien. Sogar aus Japan, den USA und Neuseeland rückten Journalisten an, um über den Spuk zu berichten.

Ein Freiburger Parapsychologe nahm sich des Falles an, glaubte jedoch eher an ein irdisches Phänomen denn an ein übersinnliches. Trotzdem wurde seine Anwesenheit als Beweis für den Spuk gesehen. Um Chopper entwickelte sich eine regelrechte Medienhysterie.

Die Polizei jedoch war von Anfang an skeptisch. So entging den Beamten der „Soko Geist" keineswegs, dass Chopper nur die Stimme erhob, wenn die Zahnarzthelferin Claudia in der Nähe war, und auch nur dann, wenn sie den Beamten den Rücken zukehrte.

Ein Beamter beobachtete schließlich im Spiegel ihre Lippenbewegungen. Kurz darauf flog der Schwindel auf: Nicht

nur Claudia, sondern auch ihr Chef und dessen Ehefrau waren darin involviert.

Die Motive für den falschen Spuk blieben ungeklärt. Fest steht, dass die Finte dem Trio eine ungeahnte Aufmerksamkeit zuteilwerden ließ. Diese allerdings kam die drei teuer zu stehen: Geldstrafen und Entschädigungszahlungen in Höhe von mehreren Tausend Mark waren die Folge des Betrugs.

Der Zahnarzt und seine Frau ließen sich gar in die Psychiatrie einweisen. Claudia musste ihre Identität ändern. Choppers Geisterstimme verstummte für immer. Alteingesessenen Regensburgern ist der berühmte Skandal jedoch noch immer im Gedächtnis.

# „LISERL":
# EIN HILFREICHER GEIST

Im Jahr 1371 erschien mehreren Regensburgern ein Geist, der „Lies Herrel" oder auch „Liserl" genannt werden wollte. Liserl bestand nur aus einer Stimme, sehen konnte man ihn nicht. Er soll aber einigen Regensburgern geholfen haben. Als eine Dame zum Beispiel fragte, warum er ausgerechnet sie heimsuchen würde, antwortete er, er würde sie vor großem Unglück bewahren. Sie wäre sonst auf einen Verführer hereingefallen und hätte ihr uneheliches Kind getötet.

Manchmal jedoch trieb der Geist auch Schabernack: So holte er einmal einen Topf voller Milch unter einer Bank hervor, ließ diesen in der Luft schweben und kippte die Milch aus.

Einem Regensburger stahl er frisch gebackene Küchel aus einem verschlossenen Schrank und legte sie auf das Dach des armen Bäckers. Einem anderen Regensburger, der über den Geist spottete, versetzte er einen Schlag auf die Nase.

Ein Priester bat Liserl einmal, ihm die Hand zu reichen. Liserl jedoch verweigerte dies. Seine Hand sei schrecklich und hässlich, und der Priester würde ihre Berührung nicht ertragen können.

Auch Prophezeiungen soll Liserl ausgesprochen haben. Diese bewahrheiteten sich jedoch wohl nicht immer.

Auf die Frage, ob er ein Teufel oder ein Engel sei, antwortete Liserl, er sei „der Bote eines Engels".

Ob Liserl noch immer in Regensburg weilt, ist leider nicht bekannt. Er wurde jedenfalls schon lange nicht mehr gehört.

# DIE „GEHEIMEN" KELLER VON REGENSBURG

Ein in Regensburg und Umgebung weit verbreiteter Mythos ist die Vorstellung von unzähligen Geheimgängen, die sich unter der Stadt erstrecken. Angeblich ist das gesamte Zentrum durch verborgene Kellersysteme miteinander verbunden, eine Stadt unter der Stadt sozusagen. Tatsächlich haben die hiesigen Keller Spannendes zu erzählen. Die Altstadt von Regensburg ist im Kern mittelalterlich, weshalb sie auch den Titel „Unesco-Welterbe" tragen darf. An der Oberfläche jedoch ist von diesem mittelalterlichen Erbe oftmals nur noch wenig zu erkennen. Viele der Gebäude sind modern überformt. Anders sieht es im Untergrund aus. Hier wurde an der mittelalterlichen Bausubstanz teils nur wenig verändert. Von vielen Patrizierhäusern sind mittelalterliche Keller erhalten. Verbunden waren diese damals allerdings nicht. Vornehme Kaufleute und Handelsherren lagerten hier ihre wertvollen Waren. An Verbindungen ihrer Keller zu den Nachbarhäusern waren sie allein aus Gründen des Diebstahlschutzes nicht interessiert. Also sind die geheimen Kellerverbindungen nur ein Mythos? Nicht ganz. Während des Zweiten Weltkrieges wurden einige der alten Keller zu Luftschutzräumen umfunktioniert. Hätten die darüber liegenden Häuser einen Bombentreffer abbekommen, hätten die Ausgänge der Keller allerdings leicht verschüttet werden können. Die Menschen wären im

DOCUMENT NEUPFARRPLATZ:

ÖFFNUNGSZEITEN:
donnerstags, freitags und samstags: 14.30 Uhr
(Juli und August auch montags und sonntags)

Nur mit Führung zu besichtigen!

TICKETS:
Tabak Götz
Domplatz 6.
Stand: Juli 2019

**HEART:**

Diskothek in den historischen Kellerräumen des einstigen Mittelmünster.

**ÖFFNUNGSZEITEN:**
donnerstags, freitags und samstags ab 23.00 Uhr

Weitere Infos unter:
www.heart-regensburg.de

Keller gefangen gewesen. Daher wurden einige der Luftschutzräume miteinander verbunden, um den Zugang zu alternativen Ausstiegsmöglichkeiten zu erleichtern.

In der Nachkriegszeit wurden die Verbindungen dann allmählich wieder zugemauert. Insbesondere ältere Regensburger erinnern sich aber noch, wie sie nach dem Krieg in den Kellern gespielt haben. Der Mythos der Geheimgänge war geboren.

Öffentlich zugänglich ist bis heute der ringförmige Luftschutzbunker unter dem Neupfarrplatz. Er wurde 1939/40 von den Nationalsozialisten angelegt, ausgerechnet an der Stelle, an der sich im Mittelalter das jüdische Viertel der Stadt befand. Im sogenannten „document Neupfarrplatz" kann man heute sowohl den Luftschutzbunker als auch die Reste von ehemaligen jüdischen Wohnhäusern besichtigen.

Geheimnisumwittert sind auch die Katakomben unter dem heutigen Parkhaus im Petersweg. Zwischen dem Petersweg und der Obermünsterstraße lag im Mittelalter das Mittelmünster-Kloster. Es wurde bereits 983 von Bischof Wolfgang als Kloster der Benediktinerinnen geweiht. 1588 wurde es aufgelöst. Nun zogen Mönche des Jesuitenordens in die Gebäude ein, die dort unter anderem eine Klosterschule einrichteten. Während des Dreißigjährigen Krieges wurden die Jesuiten von schwedischen Truppen vertrieben. Im 18. Jahrhundert wurden die Gebäude als Priesterseminar genutzt. Als 1809 französische Truppen unter Napoleon die von den Österreichern besetzte Stadt stürmten, ging das Kloster in Flammen auf und brannte vollständig nieder.

Die Kellergewölbe jedoch blieben erhalten. In ihren Räumlichkeiten befindet sich heute eine Diskothek. Wohl aus der Zeit der Nutzung als Priesterseminar stammt eine – in Regensburg allerdings nicht sehr

bekannte – „Urban Legend". In den Räumlichkeiten soll immer wieder der Geist eines Jesuitenschülers erschienen sein. Der Junge hatte während des Schwedenangriffs ein wertvolles Kreuz vor dem Feind retten wollen und sich im Keller versteckt, wo er unter ungeklärten Umständen zu Tode kam. Erst als die Seminaristen seine Knochen und das Kreuz bargen, konnte die arme Seele Ruhe finden.

Tatsächlich wurden 2016 bei Bauarbeiten vor dem damaligen Club „Suzi Wong" die Gebeine mehrerer Menschen entdeckt, die vermutlich aus der Zeit des Benediktinerinnenklosters stammen. Ob den Partygästen jemals irgendwelche Spukgestalten erschienen sind, ist jedoch nicht bekannt.

# UNHEIMLICHE AUSFLÜGE IN DIE

# UMGEBUNG
## VON
# REGENSBURG

# DIE GEISTERBURG STOCKENFELS

## ANFAHRT:

Stockenfels liegt in der Nähe des Nittenauer Stadtteils Fischbach. Von der A 93 Weiden-Regensburg aus erreicht man sie über die Ausfahrt Teublitz. Von dort fährt man östlich in Richtung Bruck. Nach circa zwei Kilometern erreicht man den Anfang eines etwas versteckten Wanderweges, wo man das Auto abstellen kann. Der Weg zur Burg ist ausgeschildert, sie ist aber dennoch nicht leicht zu finden. Ein etwa zwanzigminütiger Fußmarsch muss eingeplant werden.

Im Regental, zwischen Maxhütte-Haidhof und Nittenau, thront die Burgruine Stockenfels auf einer rund 120 Meter hohen Granitkuppe. Sie ist von Bäumen umwachsen und daher nicht ganz leicht zu finden, und das ist gewiss auch gut so, denn die unzähligen Geister und Spukgestalten, die auf der Burg umgehen sollen, heißen Störenfriede nicht gerne willkommen.

Wann die Burg erbaut wurde, ist nicht eindeutig feststellbar. Urkundlich erstmals erwähnt wird sie 1340. Damals befand sie sich im Besitz Kaiser Ludwigs des Bayern. Im Laufe der Jahrhunderte wechselte sie dann häufig ihre Herren. Für ihren schlechten Ruf sorgte wohl die Tatsache, dass sich auch immer wieder üble Raubritter auf ihr herumtrieben, deren Taten so grausam waren, dass sich kaum mehr jemand in die Nähe der Burg traute. „Kunz Schott der Wilde" war einer davon. Er wurde 1523 wegen Mordes und zahlreicher weiterer Verbrechen in Ansbach enthauptet. Sein Geist aber soll die Burg Stockenfels nie verlassen haben.

Nach dem Dreißigjährigen Krieg schließlich wurde sie zusehends dem Verfall preisgegeben. Als ihr letzter Bewohner gilt der Schneider Josef Hainz. Er lebte bis 1870 in der Burgruine, fiel jedoch mehr und mehr dem Wahnsinn anheim. Schließlich wurde er in eine Heilanstalt in Regensburg gebracht, wo er in geistiger Umnachtung starb.

Über keine andere deutsche Burg sind so viele Sagen bekannt wie über die geheimnisumwitterte Ruine von Stockenfels. Am bekanntesten ist wohl die Geschichte der „Bierpantscher". Gemeint sind Brauer, die den edlen Gerstensaft, der dem Bayern bekanntlich heilig ist, mit Wasser streckten. Ihre Seelen müssen auf Stockenfels grausame Buße tun. Jede Nacht, pünktlich zur Geisterstunde, öffnet sich der ansonsten verschüttete Brunnen der Burg. Eine endlos lange Leiter erhebt sich aus der Tiefe, und ein Teufel treibt die Verdammten die Sprossen hinauf, bis jede Sprosse besetzt ist. Nun schöpft der Teufel Wasser aus dem Brunnen

und reicht den Eimer die Leiter hinauf, wo er von jedem Verdammten an den nächsten weitergegeben wird. Die armen Seelen müssen so viel Wasser schöpfen, wie sie zu Lebzeiten ins Bier geschüttet haben. Allerdings verrichten sie eine klassische Sisyphos-Arbeit, denn am Ende der Leiter hockt ein weiterer Teufel und kippt das Wasser jedes Mal wieder aus, um es den Berg hinabrinnen zu lassen. Die verdammten Bierpantscher können also kaum auf Erlösung hoffen.

Aber auch schaurige Feste sollen die Geister auf Stockenfels feiern. Während sie an einer langen Tafel sitzen, stecken ihre Füße in glühenden Kohlen. Nach dem wenig schmackhaften Mahl von in Pech geschmortem Braten kegeln sie mit funkensprühenden Kugeln oder Totenschädeln und spielen mit Karten aus heißem Eisen.

Wer sie neugierig dabei beobachtet, stirbt eines baldigen, mysteriösen Todes.

Auf die Burg gebracht werden die Geister von sogenannten „Geisterträgern", die sie mit magischen Sprüchen und drei Pfund Stahl in einen Rucksack gebannt haben. Auf dem Weg zur Burg jedoch werden die Geister schwerer und schwerer.

Zu den Bierpantschern gesellen sich Kellnerinnen und Kellner, die ihre Gäste betrogen haben.

Aber auch eine „Weiße Frau" geht auf der Burg um, der Geist der „Schönen Irmingard". Irmingard verzauberte zu Lebzeiten mit ihrem liebreizenden Äußeren so manches Männerherz. Wer sie erobern wollte, musste jedoch grausame Prüfungen bestehen, die Irmingard bewusst so erdachte, dass ihre Freier sie nicht überleben konnten. Von der Mutter eines ihrer Opfer wurde sie schließlich verflucht. Sie starb eines rätselhaften Todes, ihr Leichnam verschwand unter nie geklärten Umständen. Ihr Geist jedoch versucht immer noch Männer zu verführen. Wer ihr erliegt und ihre süßen Lippen küsst, stirbt innerhalb von drei Tagen.

# SAGENHAFTES KALLMÜNZ

Der idyllische Markt Kallmünz, die „Perle des Naabtales", ist auch weitab von Schauergeschichten und *Urban Legends* immer einen Ausflug wert. Der malerische Ort mit seinen historischen Gässchen und bunten Häusern inspirierte schon Wassiliy Kandinsky und Gabriele Münter und zieht bis heute die verschiedensten Künstler an.

Über dem Ort, auf dem Schlossberg, thront die Ruine einer um 900 errichteten Burg. Zu ihrer Entstehungszeit diente die mächtige Festung den Bewohnern von Kallmünz als Schutz vor den einfallenden Ungarn. 1641 wurde sie von schwedischen Truppen zerstört. Seitdem ist sie eine Ruine.

Die Sage erzählt von der wunderschönen Tochter des Naabtalfürsten, die einst auf der Burg lebte. Sie war verlobt mit dem Sohn des Vilstalfürsten. Das Paar liebte sich von Herzen. Zur Sommersonnwende wurde Hochzeit gefeiert. Während das glückliche Paar noch am Sonnwendfeuer saß, rief jedoch plötzlich der befreundete Nachbarfürst durch ein Notzeichen um Hilfe. Unverzüglich rüsteten sich die verbündeten Ritter zum Kampf. Auch der frisch vermählte Liebste der Prinzessin zog in den Krieg. Zwar gelang es den Kämpfern, die Feinde zurückzudrängen, doch der junge Ritter starb in der Schlacht.

Seine junge Gemahlin war untröstlich. Halb wahnsinnig vor Schmerz und Trauer verließ sie die Burg, irrte durch die Gegend und kletterte schließlich auf

**INFO:**
Die Burgruine Kallmünz ist ganzjährig begehbar.

INFO:
Der „Rote Felsen"
liegt etwas außer-
halb. Am Parkplatz
des Netto-Super-
marktes (Im Vilsfeld
1) zweigt ein
Wanderweg ab,
der parallel zur Vils
verläuft. Folgen
Sie diesem Weg,
gelangen Sie nach
einigen Minuten an
einen Trampelpfad,
der kurz vor einem
überdachten
Kellereingang links
des Weges steil
nach oben führt.
Dieser Trampelpfad
bringt sie zum
Eingang des
Osterloches.
Folgen Sie weiter
dem Wanderweg
an der Vils entlang,
bis der Fluss den
Weg fast berührt,
erhebt sich nach
einigen weiteren
Wegminuten eine
steile, fast glatte
Felswand. Dies ist
der „Rote Felsen".

eine steile Felswand. Ein letztes Mal blickte sie zur Burg zurück, dann stürzte sie sich von den Felsen in den Tod. Ihr Blut färbte den Stein rot. In der Dämmerung, zur Sommersonnwende, sollen die Blutflecken noch immer aufleuchten. Der Felsen selbst ist als „Roter Felsen" bekannt.

Ganz in der Nähe des Roten Felsens befindet sich das „Osterloch", eine Tropfsteinhöhle, der magische Heilkräfte nachgesagt werden. Einzelne Wanderer glaubten an den schimmernden Höhlenwänden das Abbild der Jungfrau Maria mit dem Jesuskind erkannt zu haben. Daraufhin galt das Wasser, das sich an den Höhlenwänden und unter dem Tropfstein bildete, als heilkräftig und wundertätig. Insbesondere Augenleiden sollte es kurieren können. Scharen von Pilgern kamen nach Kallmünz, um vom kostbaren Nass zu schöpfen. Regelrechte Prügeleien entstanden vor dem Eingang der Höhle. Dem Pfarrer Koreth wurde dieses Treiben schließlich zu bunt und er ließ den Höhleneingang zumauern, was die übereifrigen Pilger jedoch nicht von ihrem Tun abhielt. Im Laufe der Zeit erledigte sich die Wallfahrt dann von selbst. Heute ist die Höhle offen zugänglich. Pilgerschlangen bilden sich hier allerdings keine mehr.

Andere Kallmünzer Geschichten erzählen hingegen von Mord und Totschlag. An der spätmittelalterlichen Steinernen Brücke, erbaut 1549 bis 1558, zum Bespiel befindet sich ein geheimnisvolles Doppelkreuz. Solche „Sühne"- oder „Mordkreuze" gibt es in der Gegend recht häufig. Sie dienen als Buße für vergangene Verbrechen und sollen Vorübergehende zum Gebet animieren. Ungewöhnlich ist die Doppelform. Ein Bäcker und ein Schneider sollen hier in einen Streit geraten sein, der für beide tödlich endete. Im zweifachen Sühnekreuz sind die beiden Streithähne nun auf ewig vereint. Ganz schwach

sind auf den Kreuzen noch die eingeritzten Formen einer Schere und eines Brotes zu erkennen, Symbole für die Berufe der beiden Toten. Oder handelte es sich dabei gar um die Mordwaffen?

Genaueres zu dem mysteriösen Fall ist leider nicht bekannt. Rund um die Brücke sollen aber auch häufig Irrlichter gesehen worden sein, Verkörperungen von ruhelosen Seelen. Ortsunkundige Besucher von Kallmünz sollten sich also lieber in Acht nehmen.

# DIE WEISSE FRAU VON WOLFSEGG

**ADRESSE:**
Burg Wolfsegg
Burggasse 18
93195 Wolfsegg

**ÖFFNUNGSZEITEN:**
Während der Sommer-
monate für Besichtigungen
geöffnet. Genaue Öffnungszeiten unter:
www.burg-wolfsegg.de

Unter der Burg liegt eine sagenumwobene Tropf- steinhöhle, die allerdings touristisch nicht erschlossen ist. In früheren Jahrhunder- ten sollen sich dort Räuber versteckt haben. Bei Aus- grabungen wurde hier unter anderem der Schädel eines etwa fünfjährigen Kindes entdeckt, über dessen Tod jedoch weiter nichts bekannt ist.

Die Weiße Frau, die in der Burg Wolfsegg um- gehen soll, ist die wohl berühmteste Spuk- gestalt der Region. Einer ganzen Reihe von Augenzeugen will sie bereits erschienen sein. Radio, Fernsehen und Printmedien greifen ihre Geschichte auf, und auf dem Youtube-Kanal des „Ghosthunter- Explorer-Teams" gibt es sogar ein Video von ihr, auf dem allerdings nur ein flüchtiger Schatten zu erken- nen ist.

Dem Hausmeister-Ehepaar Pielmaier zeigte sie sich bereits zu Beginn der 1960er Jahre als schemenhaft weiße Gestalt im Geäst eines Nussbaums. Das un- heimliche Phänomen fand breites Interesse in den Medien und wurde schließlich sogar in den USA be- kannt. So reiste 1969 der New Yorker Parapsychologe Hans Holzer nach Wolfsegg, um den Fall gemeinsam mit den Medien Edith Riedl und Marianne Elco zu untersuchen. In Trance berichtete Edith Riedl hier- bei von einem Doppelmord im sogenannten „Gobe- linzimmer". Knapp zehn Jahre später sprach auch ein Münchner Medium während einer Seance in der Burg von zwei gewaltsamen Todesfällen.

Der Familie Bach, die gegenüber der Burg wohnte, soll sie ebenfalls erschienen sein.

Ihre Wurzeln hat die Sage von der Weißen Frau ver- mutlich im 15. Jahrhundert. Der damalige Herr von Wolfsegg, Ulrich von Laaber, hatte ein Auge auf die Hammermühle von Heitzenhofen geworfen und

wollte sie in seinen Besitz bringen. Um den Eigentümer der Hammermühle, Georg Moller, zu einem Verkauf zu überreden, zwang Ulrich seine Frau Klara, Moller zu umgarnen. Der perfide Plan jedoch scheiterte kläglich. Klara verliebte sich auf ihrer Mission in Georg Moller und betrog ihren Ehemann. In rasender Eifersucht entbrannt heuerte der gehörnte Burgherr zwei Dorfburschen an, um seine Frau und ihren Liebhaber zu ermorden. In anderen Versionen der Geschichte greift er gar selbst zum Messer. Am eckigen Turm im Burghof soll er seine tote Ehefrau verscharrt haben.

Bei Ausgrabungen fand man dort tatsächlich Verwesungserde. Historische Urkunden über den Mord gibt es keine. 1463 jedoch starb Ulrich von Laaber eines plötzlichen Todes, über dessen Ursache bis heute nichts bekannt ist. Eine

grausame Rache seiner ermordeten Frau, die im Grab keine Ruhe finden konnte? Fakt ist, dass mit dem Tod von Ulrichs Kindern das Geschlecht der Laaber endgültig ausstarb.

Im Laufe der folgenden Zeit wechselte die Burg, die Ende des 13. oder zu Beginn des 14. Jahrhunderts erbaut wurde, dann mehrmals ihren Besitzer. 1933 kaufte sie der Kunstmaler und Bezirksheimatpfleger Georg Rauchenberger und bewahrte sie vor dem Verfall. Er gründete 1970 das Kuratorium Burg Wolfsegg e.V., in dessen Besitz sich die Burg noch heute befindet.

Rauchenberger selbst muss lange an der Existenz der Weißen Frau gezweifelt haben. Am 27. Juni 1973 erschien sie ihm jedoch im Burghof als leuchtende, weiße Kugel, die sich in der Turmecke langsam in Nebel auflöste.

Rauchenberger starb vier Monate später im Alter von 78 Jahren.

# DIE „HIASL"-HÖHLE VON BERATZHAUSEN UND DER GEHEIMNISVOLLE EINSIEDLER

In der Nähe der Beratzhausener Friesenmühle liegt mitten im Wald eine kleine, nicht einmal mannshohe Felsenhöhle. In dieser Höhle lebte fast 25 Jahre lang der geheimnisumwitterte Einsiedler Josef Wiesmeth, genannt „Hiasl". Über seine Biographie ist wenig bekannt. Geboren wurde er am 22. Januar 1881 in Winzer bei Regensburg. Er war gelernter Steinmetz und wurde während des Ersten Weltkriegs am Kopf verletzt, weshalb er eine kleine Kriegsrente bezog. Anfang der 1920er Jahre kam er in die Region, um zunächst in einer Holzhütte, später in einer ehemaligen Bärenhöhle zu hausen. Warum er sich entschied, der Zivilisation den Rücken zu kehren und stattdessen als Einsiedler mitten in der Natur zu leben, weiß niemand.

Manche behaupten, er hätte während seiner Zeit als Soldat eine Auseinandersetzung mit einem Vorgesetzten gehabt, nach der er fahnenflüchtig geworden sei. Andere wiederum meinen, ein Streit mit dem eigenen Vater sei der Grund für seine Weltflucht. Oder steckte gar eine unglückliche Liebschaft dahinter? Auch von einem Gefängnisaufenthalt ist die Rede. Seine Zeitgenossen erlebten „Hiasl" als mürrischen, skurrilen, aber friedfertigen Sonderling. Seinen Lebensunterhalt verdiente er sich mit Handwerksarbeiten. So flocht er zum Beispiel Körbe und stellte Rückentragen und Rechen her. Seine Kunden be-

ANFAHRT:
Landgasthof Friesenmühle
Friesenmühle 1
93176 Beratzhausen

Parallel zur Kreisstraße R11
verläuft der Wanderweg
„Hiasl-Wanderweg"
(braune Schilder,
ca. 20 Minuten zur Höhle).

TIPP:
Im Landgasthof Friesenmühle kann man nicht nur hervorragend essen, die Wirtin Erika Seitz weiß auch zahlreiche Geschichten über „Hiasl" zu erzählen.

zahlten ihn in Naturalien. Was er sonst noch benötigte, kaufte er von seiner kleinen Rente. Auch in den umliegenden Wirtshäusern war er immer wieder zu Gast.

Wenn es im Winter in der Höhle zu kalt wurde, suchte er Unterschlupf im Pferdestall der Friesenmühle. Der Zweite Weltkrieg zog an seiner harten, aber friedvollen Welt vorbei. Erst durch amerikanische Soldaten, die nach Kriegsende in der Gegend stationiert waren, wurde er zur Sensation. Die Soldaten besuchten Hiasl häufig in seiner Höhle, fotografierten ihn und schenkten ihm Lebensmittel und Zigaretten.

Die Gesellschaft von Tieren war ihm aber stets lieber als die von Menschen. Mitbewohner seiner Höhle waren Igel und Mäuse. Die Mäuse hörten sogar auf sein Pfeifen.

Auch von den Geistern des Waldes erzählte der rätselhafte Einsiedler. Der Teufel und andere böse Wesen seien ihm in seiner Einsamkeit ständige Begleiter. Manche hielten den „Hiasl" wegen solcher Geschichten für nicht ganz richtig im Kopf.

Trotz des kargen, von vielen Entbehrungen gezeichneten Lebens in der Höhle erfreute sich Josef Wiesmeth jahrelang einer robusten Gesundheit. Im Herbst 1948 verschlechterte sich sein Zustand allerdings mit einem Schlag und er musste ins Parsberger Hospital gebracht werden. Nach kurzer Krankheit verstarb er am 19. Oktober. In einem Armengrab in Parsberg wurde er bestattet.

Die Geschichten, die man sich noch immer über ihn erzählt, halten die Erinnerung an ihn aber bis heute lebendig.

# DIE GEISTER VON EHRENFELS

Unweit von Beratzhausen, im Wald verborgen, liegt die Ruine der Burg Ehrenfels. In einer Urkunde aus dem Jahr 1256 werden die Burg und das Geschlecht der Ehrenfelser erstmalig erwähnt. Die Ritter von Ehrenfels fungierten fortan als Berater des Regensburger Bischofs sowie als Vasallen der bayerischen Herzöge. 1345 jedoch gerieten sie in eine finanzielle Krise und mussten die Burg an Kaiser Ludwig den Bayern verkaufen. Dieser gab sie weiter an Dietrich von Stauff. Im Besitz der Stauffer verblieb sie bis ins 16. Jahrhundert hinein. Im Dreißigjährigen Krieg wurde sie zerstört und nie wieder aufgebaut.

1489 schloss sich Bernhardin von Stauff dem Straubinger Ritterbund der „Löwler" an, der gemeinsam mit Kaiser Friedrich III. gegen den allzu mächtig gewordenen bayerischen Herzog Albrecht IV. kämpfte. 1492 zog Herzog Albrecht gegen die Burg, um den abtrünnigen Stauffer in seine Schranken zu verweisen. Der Sage nach blieben die Truppen des Herzogs jedoch zunächst ohne Erfolg. Von allen Seiten beschossen sie die Burg, konnten den Mauern aber nichts anhaben. Eine alte Hexe schließlich gab ihnen den Rat, von einer bewaldeten Anhöhe aus auf die Westseite der Burg zu schießen. Nach einigen Stunden fiel die Festung. Als die Hexe ihren Lohn einforderte, jagte der undankbare Herzog Albrecht sie davon. An der Stelle, wo einst seine Kanonen stan-

**WEGBESCHREIBUNG:**
Verlassen Sie Beratzhausen über die Staufferstraße Richtung Mausheim. Biegen Sie vor der Bahnüberführung links in den Parkplatz ab, wo Sie Ihr Auto stehenlassen können. Folgen Sie dem rechten Feldweg, der Sie leicht ansteigend zum Waldrand führt. An der Wegkreuzung nehmen Sie den rechten Weg. Nach einiger Zeit, am Ende des Weges, biegen Sie rechts nach oben ab. Auf der Bergkuppe liegt die Burg. Achten Sie unterwegs auf das Burgenzeichen, das teilweise etwas versteckt an den Bäumen hängt. Planen Sie einen Fußweg von circa 30 bis 45 Minuten ein.

den, soll man den Geist der Hexe noch immer jammern und heulen hören.

Eine andere Sage erzählt, dass der Graf von Ehrenfels einst von einem feindlichen Ritter besiegt und in der eigenen Burg gefangen genommen wurde. Der Feind verliebte sich währenddessen in die schöne Gräfin von Ehrenfels. Herzerweichend bat sie ihn um das Leben ihres Mannes und ihrer Kinder. Der feindliche Ritter blieb zunächst hart, erlaubte ihr aber schließlich, die Burg zu verlassen und dabei alles mitzunehmen, was sie selbst tragen könne. Am nächsten Morgen erschien die Gräfin mit ihrem Ehemann auf dem Rücken und ihren Kindern auf dem Arm. Da geriet der feindliche Ritter in Zorn und erschlug die Gräfin und ihre Kinder. Den leidgeplagten Grafen jagte er davon.

Die Seelen der toten Kinder und ihrer Mutter aber blieben auf Burg Ehrenfels zurück. Ihre ruhelosen Geister gehen noch immer in den Ruinen um, wo man sie des Nachts ihr grausames Schicksal beklagen hört.

# EIN FEUCHTES GRAB: DER HESSENWEIHER BEI HEMAU

INFO:
Waldbadstraße 1
93155 Hemau

Das Waldbad ist zur Sommerzeit durchaus einen eigenen Besuch wert. Östlich des Badesees befinden sich zwei weitere, kleinere Weiher. Der Hessenweiher ist das mittlere der drei Gewässer, war aber vermutlich zur Entstehungszeit der Sage mit seinem kleineren Nachbarn verbunden. Der Hessenweiher war damals also um einiges tiefer und größer.

Verlässt man Hemau über die Riedenburger Straße, gelangt man nach etwa zwei Kilometern zum „Waldbad", einem idyllisch gelegenen Badesee mitten im Forst, der im Volksmund auch „Kuhweiher" genannt wird.

Direkt neben dem Waldbad befindet sich ein Weiher, um den sich eine mysteriöse Sage rankt, die bereits 1861 in der „Chronik der Stadt Hemau" von Johann Nepomuk Müller erwähnt wird.

Während des Dreißigjährigen Krieges bezogen hessische Truppen in Hemau und Umgebung Quartier. Den Truppen voran marschierten damals Trommler und Querpfeifer. Zwei dieser Querpfeifer trieben es recht bunt in Hemau. Den ganzen Tag saßen sie im Wirtshaus, tranken und würfelten. Ihr Durst war angeblich so groß, dass der Wirt Mühe hatte, genügend Bier herbeizuschaffen.

Eines Abends wurde den beiden Männern ihre Trunksucht zum tödlichen Verhängnis. Vom Alkohol berauscht, verirrten sie sich im Wald. Nebel zog auf, und tiefschwarze Nacht brach herein. Mühsam tasteten die beiden Musiker sich vorwärts, verfingen sich dabei im Unterholz und stolperten in den „Tiefen Weiher", in dem sie elend ertranken.

Ruhe fanden sie jedoch keine in ihrem feuchten Grab. Bis heute soll man um Mitternacht ihr Weh-

klagen und ihre schrillen Melodien hören. In Vollmond-
nächten, wenn das Mondlicht die Wasseroberfläche berührt,
steigen die beiden ruhelosen Seelen gar aus dem See empor
und stimmen wiederum schaurige Klagelieder an.

Die Sage bezeichnet den „Tiefen Weiher" seitdem als „Hessenweiher". Auf der Landkarte sucht man diesen Namen
allerdings vergeblich. Die beiden spukenden Querpfeifer
gehören der Welt der Mythen und schaurigen Legenden an.

# DIE RÄUBERHÖHLE VON ETTERZHAUSEN

Über der Naab, zwischen Etterzhausen und Penk, befindet sich eine sagenumwobene, etwa 24 Meter große Höhle im Fels. Bereits in der Zeit der Kelten wurde sie von Druiden zu kultischen Zwecken genutzt. Später jedoch zogen finstere Gesellen darin ein. Da man von der Höhle aus einen guten Blick auf die Naab sowie auf die am Ufer verlaufende Handelsstraße hatte, war die Höhle der perfekte Ausgangsort für brutale Raubzüge und Überfälle auf Kaufleute und vornehme Reisende. Die Höhle selbst diente als Versteck nicht nur für erbeutetes Diebesgut, sondern auch für die Räuber selbst. Dies brachte ihr wohl den Namen ein.

Zudem erzählt die Sage, der Ritter der nahegelegenen Burg Löweneck habe hier seinen Feind, den Ritter von Eichhofen, gefangen gehalten. Waltraud, die Tochter des gefangenen Ritters, trauerte sehr um die Situation des Vaters und schlich jeden Abend heimlich zu dessen Verlies, um ihn zu trösten. Der Ritter von Löweneck ertappte sie jedoch eines Abends dabei und sperrte auch sie in die Höhle ein. Das Schicksal des armen Mädchens wiederum erweichte das Herz eines jungen Ritters aus dem Geschlecht der Schreckensteiner. Er befreite das Mädchen und ihren Vater, der daraufhin die Burg Löweneck eroberte. Der Schreckensteiner Ritter bekam die schöne Waltraud zur Frau.

**ANFAHRT:**
Räuberhöhle
93152 Nittendorf

Die Räuberhöhle ist auf den meisten Karten eingetragen und daher heute relativ leicht zu finden.

Ein kurzer Fußmarsch muss allerdings beim Besuch eingeplant werden.

Eine weitere Sage erzählt, in der Höhle hätten einst Zwerge gehaust. Diese erwiesen sich ihren menschlichen Nachbarn gegenüber als äußerst hilfsbereit. Als der Hof eines Jägers in Penk in Flammen aufging und der Mann drohte, im Feuer umzukommen, schleppten die Zwerge den Schlafenden aus dem brennenden Gebäude und retteten ihm so das Leben.

Leider wurden die Zwerge schon lange nicht mehr gesichtet. Da die Räuberhöhle mittlerweile ein beliebtes und gut zugängliches Ausflugsziel geworden ist, ist es ihnen dort vielleicht einfach zu unruhig geworden.

# DIE WEISSE FRAU IN DER POSCHENRIEDER MÜHLE

**INFO:**
Poschenrieder Mühle
Bahnweg 1
93161 Sinzing

Die Mühle ist kein Museum, sondern noch immer in Betrieb. Daher gibt es auch keine regelmäßigen Führungen.

**ÖFFNUGSZEITEN „MÜHLENLADL":**
dienstags und donnerstags
14.00–17.00 Uhr
freitags 10.00–17.00 Uhr
Stand: Mai 2019

Hier können Mehl aus eigener Produktion sowie verschiedene andere regionale Nahrungsmittel erworben werden.

Mühlen regen schon seit langer Zeit die Phantasie der Menschen an. Sie sind beliebte Schauplätze für Sagen und Spukgeschichten, und auch im Märchen spielen Müller häufig eine bedeutende Rolle.

Mit dem „Mühlenstilllegungsgesetz" von 1957 jedoch begann in Deutschland das sogenannte „Mühlensterben". Heute gibt es nur noch wenige traditionelle Müllerbetriebe. Einer davon ist die Poschenrieder Mühle in Sinzing.

Die Sage erzählt, wenn man durchs Fenster der Mühlstube schaute, konnte man am Waldrand, auf einem Felsen stehend, eine Weiße Frau erblicken.

Die Weiße Frau ist ein Gespenst, das üblicherweise vor allem in Burgen sein Unwesen treibt. Meist ist sie eine verstorbene Adelige, die in den Burgmauern keine Ruhe finden kann. Da sie oft Todesfälle und Unglücke ankündigt, ist sie eine gefürchtete Erscheinung.

Auch der Poschenrieder Müller muss zutiefst erschrocken sein, als er an einem Sonntag um Mitternacht in die Mühlstube trat, um das Mühlenwerk für den kommenden Morgen in Betrieb zu setzen. Mitten in der Stube erschien ihm die Weiße Frau, die zuvor nur als Schatten am Waldrand zu erkennen gewesen war.

Das Gespenst wies den Müller an, unter dem Felsen am Wald einen wertvollen Schatz auszugraben, wel-

cher der Dame zu Lebzeiten gestohlen worden war. Nur so
könne ihre arme, ruhelose Seele erlöst werden. Der Müller
jedoch war vor Angst wie erstarrt und konnte sich nicht
rühren und keine Antwort geben. Da geriet die Weiße Frau
in Zorn und verfluchte ihn. Drei Tage lang lag der Müller
krank darnieder und war von da an vom Unglück verfolgt.
Der Schatz blieb unentdeckt und ruht womöglich noch immer unter der Erde.

Der Mühle jedoch hat der Fluch der Weißen Frau nicht ge-
schadet. Sie befindet sich seit 1809 im Besitz der Familie
Poschenrieder, mittlerweile in der sechsten Generation.

# DIE UNHEIMLICHE „KLOGMUADA" VON PENTLING

Mitten in Pentling steht eine kleine Rundkapelle mit einem spitzen, kegelförmigen Dach. Erbaut wurde sie 1649, kurz nach Ende des Dreißigjährigen Krieges, den in Pentling nur etwa ein Dutzend Menschen überlebten.

Einer besonders schauerlichen „Urban Legend" zufolge soll sich in der Nähe der Kapelle bis in die 1970er Jahre hinein um Mitternacht die Schattengestalt einer alten Frau gezeigt haben. Die Frau war von abstoßendem, grauenvollem Aussehen und huschte wispernd durch die Straßen von Pentling und um die Kapelle herum. Dabei soll sie bisweilen laute Klagerufe ausgestoßen haben, weshalb sie im Volksmund die „Klogmuada" genannt wurde. Ihr Erscheinen kündigte stets großes Unglück oder gar einen Todesfall an.

Als neben der Kapelle jedoch ein Handwerker eine Grube ausheben wollte, um einen Torpfosten zu errichten, stieß er dort zu seinem Entsetzen auf ein vollständig erhaltenes, menschliches Skelett.

Ob hier ein Opfer des Dreißigjährigen Krieges begraben lag oder ob man die Spuren eines Verbrechens entdeckt hatte, wurde nie geklärt. Nachdem die Knochen ausgehoben waren, soll man jedoch die schauderhafte Klogmuada nie wieder gesehen haben. Es bleibt also zu hoffen, dass die Spukgestalt ihren Frieden gefunden hat.

INFO:
Die Kapelle befindet sich an der Kreuzung zwischen Hauptstraße und Schulstraße, unweit der Gaststätte „Altes Tor".

# DIE GEISTERJUNGFRAU VON HEILSBERG

**INFO:**
Die Burgruine ist jederzeit zugänglich und relativ leicht zu finden.
Verlassen Sie Wiesent über die Höllbachstraße in Richtung Waffenschmiede. Etwa zwei Kilometer nach dem Ortsende von Wiesent erreichen Sie eine kleine Brücke, neben der sich eine Einsiedelei und ein Parkplatz befinden. Einige Meter vor der Brücke zweigt ein ausgeschilderter Schotterweg zur Burgruine ab (zu Fuß ca. 30 Minuten).

**TIPP:**
Auf dem Weg zur Ruine kommen Sie auch an der geheimnisvollen „Kreuzbergquelle" vorbei, der magische Heilkräfte nachgesagt werden.

Mitten im Wald, unweit der Ortschaft Wiesent, liegt malerisch die Burgruine Heilsberg, um die sich so manch unheimliche Sage rankt.

Bereits 1213 wird die Burg erstmals erwähnt. Erbaut wurde sie von den späteren Truchsessen von Heilsberg und Eggmühl, deren Geschlecht jedoch schon im 14. Jahrhundert ausstarb. Seitdem wechselte die Burg häufig ihren Besitzer. Im 16. Jahrhundert schließlich gab man sie auf und überließ sie dem Verfall.

Die Ruine wurde fortan von Geistern und Gespenstern heimgesucht. Der Sage nach können die Burggeister nur erlöst werden, sobald eine Tanne, die aus dem Bergfried sprießt, groß genug ist, um aus ihrem Holz Bretter für eine Wiege sägen zu können. In der Wiege soll ein Knabe liegen, der später zum Priester geweiht werden muss. Nur die Gebete dieses einen Priesters sind in der Lage, die ruhelosen Seelen von ihrem Elend zu befreien.

Einem Bäckerjungen war diese Geschichte offenbar unbekannt. Er sah auf dem Weg zur Mühle auf der verfallenen Burgmauer eine Jungfrau sitzen, die sich die Haare flocht. Bezaubert von der Schönheit des Mädchens erkundigte er sich bei den Müllersburschen nach der Unbekannten. Diese warnten ihn jedoch und erklärten ihm, die Jungfrau sei ein Geist. Nun setzte sich der verliebte Bäcker in den Kopf, die

Dame zu erlösen, und fragte die Erscheinung, was er tun solle. Die Dame antwortete, er müsse um Mitternacht zu dem alten Baum bei der Burg kommen, sich die Augen verbinden und kein Wort sprechen. Eine Schlange werde an seinem Körper hinaufkriechen und er solle sie schweigend umarmen und dabei nicht die Augen öffnen. Die Schlange werde dann ihre eigentliche Gestalt als die schöne Jungfrau wieder annehmen.

Der Bäcker versprach, den Anweisungen zu folgen, und stellte sich am nächsten Abend um Mitternacht mit geschlossenen Augen unter den Baum. Da hörte er ein grässliches Tosen und Krachen, aber er blieb, wo er war, und öffnete nicht die Augen. Endlich spürte er, wie die erwartete Schlange an ihm emporkroch. Als er sie umarmen wollte, überkam ihn plötzlich eine große Ungeduld, er vergaß das Verbot und riss die Augen auf.

Mit einem Mal war ihm, als stünde die ganze Welt um ihn herum in Flammen. Ein lautes Wehklagen ertönte, und kurz darauf war die Schlange verschwunden.

Der Junge starb aus Verzweiflung über sein Versagen. Die Jungfrau sah er nie wieder.

# WÖRTH AN DER DONAU: DAS GEHEIMNISVOLLE CHRISTUSBILD IN DER SCHLOSSKAPELLE

In Wörth an der Donau soll einst ein Maler gelebt haben, der von einer großen Künstlerkarriere träumte. Leider fehlte ihm zum Erfolg das entsprechende Talent. Als er von einem Regensburger Kloster den Auftrag bekam, ein Bild von Christus am Kreuz anzufertigen, wollte das Werk nicht recht gelingen.

Frustriert ging der Maler im Wald spazieren, um in der Natur Inspiration zu finden. Dort begegnete ihm der Teufel, der ihm versprach, einen begnadeten Künstler mit überragenden Fertigkeiten aus ihm zu machen. Er müsse nur seine Seele dafür hergeben, sobald sein Kunstwerk vollendet sei.

In seiner Not ließ der Künstler sich auf den Pakt ein. Und in der Tat: Plötzlich ging ihm das Gemälde erstaunlich leicht von der Hand! In seine Freude über das eigene Schaffen mischte sich schon bald nagende Angst. Und so wandte er sich hilfesuchend an den Abt des Klosters, von dem er den Auftrag bekommen hatte. Dieser gab ihm den simplen Rat, die Inschrift über dem Bildnis des Gekreuzigten wegzulassen. So sei dieses nicht vollendet und der Teufel habe keine Grundlage, dem Maler seine Seele zu entreißen.

**INFO:**
Schloss Wörth thront malerisch auf einem Berg mitten im Ort und ist daher leicht zu finden.
Es beherbergt heute die Seniorenresidenz „Pro Seniore".
Die Innenräume sind nur mit speziellen Führungen zu besichtigen. Der Hof und die Schlosskapelle sind tagsüber aber in der Regel zugänglich.

Tatsächlich wurde der Teufel durch diesen schlichten Trick um seinen Lohn betrogen. Bis heute fehlt auf dem Kreuzigungsbild die Inschrift „I.N.R.I.". Es hängt heute in der 1616 errichteten Schlosskapelle St. Martin. Angeblich sollen im Laufe der Zeit viele Künstler versucht haben, die Inschrift nachzutragen. Über Nacht soll sie aber immer wieder auf rätselhafte Weise verschwunden sein.

Der unglückliche Wörther Maler indes gab die Kunst für immer auf. Er trat stattdessen ins Kloster ein und wurde ein frommer Mönch.

# DANKSAGUNG

Für die freundliche Unterstützung geht unser herzliches Dankeschön an:

- ERNST BÖHM, Ortsheimatpfleger der Stadt Hemau,
  für die Informationen zum Hessenweiher
- DR. THOMAS FEUERER, Kulturreferent des Landkreises Regensburg, für
  die freundliche Erlaubnis, in der Wörther Schlosskirche zu fotografieren
- Matthias Freitag für die spannende Stadtführung in den Regensburger
  „Untergrund"
- SANDRA GRANDE, GERHARD MATHES und JOSEF WERNER vom
  Fotoclub Regenstauf, die Christian Greller auf einigen seiner Foto-
  touren begleitet haben
- TANJA GRELLER für ihre Unterstützung
- BERNHARD HÜBL, Zweiter Bürgermeister des Markts Kallmünz, und
  seine Frau, die uns den „Roten Felsen" und das Osterloch gezeigt haben
- SIEGFRIED HOFMEISTER für die spannende Tour durch Schloss Weichs
- DR. PETER MORSBACH für die Fotos der Keller des ehemaligen
  Mittelmünsters
- SEBASTIAN MÜHLBAUER von der Diskothek Heart für die freundliche
  Genehmigung, dort zu fotografieren
- MUSEEN DER STADT REGENSBURG für die Genehmigung,
  in der Fragstatt zu fotografieren
- DR. CHRISTINE RIEDL-VALDER, Ortsheimatpflegerin
  des Markts Beratzhausen, für die Geschichte des „Hiasl"
- GABI WAGNER vom Tourismusbüro Markt Kallmünz für ihr Engage-
  ment und die zahlreichen E-Mails
- KLAUS-PETER RUESS für die Tour durch den Gesandtenfriedhof
- die Models VERENA KIRCHBERGER, FLORA PULINA
  und MARIETTA UNDSCHUGULJAN

Und natürlich an das wunderbare TEAM DES BATTENBERG GIETL VERLAGS,
ohne das dieses Buch nie entstanden wäre.

# DIE **AUTORIN** UND DER **FOTOGRAF**

## JULIA KATHRIN KNOLL

geboren 1980 in München, kam nach Regensburg, um dort Germanistik, Italianistik und Pädagogik zu studieren, und blieb der Stadt bis heute treu. Derzeit arbeitet sie in der Erwachsenenbildung und als freie Gästeführerin. Sie schreibt überwiegend Jugendbücher und Regensburg-Literatur.

## CHRISTIAN GRELLER

geboren am 17.04.1978 in Regensburg, lebt in Regenstauf und ist Angestellter bei der Stadt Regensburg.
Die Bilder des nebenberuflichen Fotografen erschienen in mehreren Zeitschriften, u. a. in DIE ZEIT. 2017 fand seine erste Ausstellung „Auf dunklen Pfaden" statt.

# LITERATURVERZEICHNIS

**Bauer**, Karl: Regensburg: aus Kunst-, Kultur- und Alltagsgeschichte. Regensburg [5]1997.

**Böck**, Emmi (Hg.): Regensburger Stadtsagen, Legenden und Mirakel. Regensburg 1982.

**Boos**, Andreas: Burgen im Süden der Oberpfalz: Die früh- und hochmittelalterlichen Befestigungsanlagen des Regensburger Umlandes. Regensburg 1998 (= Regensburger Studien und Quellen zur Kulturgeschichte 5).

**Bürgerverein Roahausen e.V. (Hg.)**: 1000 Jahre Geschichte am Regen. Reinhausen – Sallern – Weichs. Regensburg 2007.

**Feldmann**, Christian: Blutbad zur Geisterstunde und 21 weitere Kriminalfälle aus Regensburg und Ostbayern. Regensburg 2005.

**Gassner**, Heinz: Kleine Regensburger Volkskunde. Brauch und Glaube im alten Regensburg. Regensburg 1996.

**Knauer**, Alois: Ortsgeschichte Kallmünz. Kallmünz 1961.

**Lanzl**, Marion: Der Geheimbund im Untergrund. In: Mittelbayerische Zeitung vom 24. Mai 2015. https://www.mittelbayerische.de/region/regensburg/stadtteile/innenstadt/der-geheimbund-im-untergrund-21345-art1237349.html

**Lorenz**, Martina (Hg.): Im Turm, im Kabinett, im Labor. Streifzüge durch die Regensburger Wissenschaftsgeschichte. Regensburg 1995.

**Lübbers**, Bernhard (Hg.): Spektakel des Schreckens. Todesstrafe im frühneuzeitlichen Regensburg. Regensburg 2015 (= Kleine Schriften der Staatlichen Bibliothek Regensburg 4).

**Lutteroth**, Johanna: Claudias Geist. In: Spiegel Online vom 2. März 2012. https://www.spiegel.de/einestages/legendaere-spuk-posse-claudias-geist-a-947494.html

**Matthes**, Micha: Skelette vor Suzie-Wong-Club gefunden. In: Mittelbayerische Zeitung vom 13. Oktober 2016. https://www.mittelbayerische.de/region/regensburg/stadtteile/innenstadt/skelette-vor-suzie-wong-club-gefunden-21345-art1440539.html

**Mittler**, Dietrich: Ein Blitz trifft den Erleuchteten. In: Süddeutsche Zeitung vom 16. November 2017. https://www.sueddeutsche.de/bayern/sz-serie-schauplaetze-folge-24-ein-blitz-trifft-den-erleuchteten-1.3752044

**Motyka**, Gustl (Hg.): Sagen und Legenden aus dem Land um Regensburg. Regensburg [4]1998.

**Müller**, Johann Nepomuk: Chronik der Stadt Hemau. Regensburg 1861. (Bayerische Staatsbibliothek digital: http://mdz-nbn-resolving.de/urn:nbn:de:bvb:12-bsb10386458-2)

**Riedl-Valder**, Christine: Ein anspruchsloser Sonderling. Der Oberpfälzer „Hiasl" lebte lange Zeit in einer Felsenhöhle im Tal der Schwarzen Laber. In: Oberpfälzer Heimatspiegel 2015. S. 109–114. Pressath 2014.

**Rohm**, Manfred und **Titz**, Josef: Die Woche bringt es an den Tag. Die 100 besten Geschichten, Regensburger und Oberpfälzer Skandale aus 30 Jahren. Regenstauf 2015.

**Rublack**, Ulinka: Der Astronom und die Hexe: Johannes Kepler und seine Zeit. Stuttgart [4]2019.

**Steffen**, Daniel: Auf Schloss Weichs soll es "spuken". In: Mittelbayerische Zeitung vom 7. Februar 2018. https://www.mittelbayerische.de/region/regensburg-stadt-nachrichten/auf-schloss-weichs-soll-es-spuken-21179-art1612559.html

JULIA KATHRIN KNOLL · CHRISTIAN GRELLER

# VON HEXEN, GEISTERN UND VERBRECHERN